ちから教授の
コトバ生態学

なぜ？

「one」は「オン」でなく「ワン」、「two」は「トゥ」／「ひとり」「ふたり」だけが「り」、「さんにん」以降は「にん」／「くにん」「きゅうにん」「しちにん」「ななにん」／「eleven」「twelve」だけが特別／「teens」と「10代」／**「January（1月）」「February（2月）」だけに「-uary」が付く**／September（9月）は7番目の月、October（10月）は8番目／「ひー」「ふー」だけが「ハ行」／ハ行は「フ」だけf／サ行は「シ」だけ「h」が付く／「ハイ、チーズ」の「チーズ」は／**「Chikara Kato」は間違っていた**／国際大会、英字新聞では「名＋姓」／「ka、ko」でなく「ca、co」／「once、twiceだけが1語、three times」は2語／「雰囲気」は「フインキ」／「タイク、ダイイチ」と「ユイツ」／**「アラタ」から「アタラ」(新)、「サンサカ」から「サザンカ」(山茶花)**／「ケイサツ」より「ケーサツ(警察)」／「game、mail、cake」は「ゲイム、メイル、ケイキ」／「携帯電話」の略は「ケータイ」／「就職活動」の語は「就活」でなく「職活」／ミステリアス三姉妹「ユイツ」(長女)、「タイク」(次女)、「ダイチ」(三女)／**「女性 (women)」と「お金 (money)」は大の仲良し**／カタカナ出世物語／「スマホ」「アプリ」の発音は間違い／「3千」は「ゼン」「3銭」は「セン」「とう」だけ「つ」がない、「いつつ」だけ「つ」がふたつ／**「十」は「つなし」**／「ヨエン」と「ナナエン」だけが和数字系／**「子」＋「ども」＋「達」**／「go、went、gone」の「went」／「ケータイ」が復活、「スマホ」が死語に／「ズボン」復活「ジーンズ、デニム」が死語／「コップ、靴下、指輪、百貨店、鍵、砂糖」が復活／**「メイク」死語、「化粧」復活**／「パンスト」は完全死語／若者と年配者コトバが接近／「ゆで卵」と「玉子焼き」／「左」「右」の順／**「男女」「父母」「夫婦」「男子女子」は女性差別**／「雌雄」と「牝牡 (ひんぼ)」は男性差別／「小中高大」の「高」はおかしい／「縦」は「横」より前／**「靴下」は靴の下**／「美醜」と「醜美」／「欧米」と「米欧」／「英和辞典」「中日辞典」「伊日辞典」「伊和辞典」／**「こどもの日」は「男の子の日」**／「むすこ」「むすめ」／「おとこ」と「おとめ」「おんな」／「帰国子女」を「帰国生」に／「障がい者」「異能者」「痴呆症」「認知症」／「女子大生」と「女子学生」／「女子高生」／差別語の親分「未亡人」／「やもめ」事情、欠損表現「青年」／「俳優」「男優」「女優」／「オネエ」と「オニイ」／おやさい、*おくだもの、おわん、おちゃわん、*おどんぶり／**おひる、*おあさ、*およる**／おみず、おゆ、*おこおり／おこめ、*おむぎ、*おあわ／おしっこ、*おうんこ (ち)／カタカナ亡国論

椙山女学園大学教授

加藤主税 著

はしがき

　本書は、コトバを、生き生きとした生き物として捉え、日本初のコトバ生態学を目指すものです。コトバってなんと人間臭い、興味深いものだということがわかります。コトバには、ヒトと同じように、ラブラブ関係、親子関係、ライバル関係、勝利者・敗北者関係、特権階級などがあります。コトバをヒトとみなし、コトバ関係を見てゆくと、コトバの本質が浮かび上がってきます。

　人間関係との比較で、その実例を少しだけ紹介しましょう。「one、two（いち、に）」とその関連語は、恋人関係で、お互いラブラブです。その証拠と真相を通して、様々なコトバ関係を紹介し、コトバの本質を探ることが本書の目的です。

　さらに、話しコトバと書きコトバは親子関係です。ヒト同様コトバも親子がうまくいっている時代と、いっていない時代があります。子が親に反抗し、独立してしまうこともあります。

　ヒトが長年使っているので、当然ヒトに似てきますよね。ヒトがコトバを使っていると同時に、ヒトはコトバに使われています。ヒトは考えるとき、コトバによって考えています。言い換えれば、コトバがヒトの考え、思考、論理などを左右支配しています。このことが簡単に実感できる方法があります。

　男性（女性）は試験的に女性（男性）コトバを使ってみて下さい。女性（男性）の思考、感覚、気持ち、さらに動作まで似てきますよ。ちょうど、男性（女性）がメイクしたり、ファッションを変えたりして、女装（男装）するのと同じようですね。

　さらに、普段「ボク」と言っている男性が、「オレ」と言ってみて下さい。すごく恥ずかしいですよね。「ボク」と言って

いる男性は「ボク人間」だと、自分で無意識的に位置づけています。急には「オレ人間」になれないのです。ちなみにこの例はボクのことです。ボクの場合、講演会の講師をしたとき、つい「ワタシ」と言ったことがあります。誰も笑っていないのに、すごく恥ずかしい思いをしました。

　ヒト好きな人、このコーナーを読めば、コトバ好きになります。コトバ好きな人、同じように、ヒトが大好きになります。そうでない人、両方好きになりますよ。そのつもりで話を進めます。

中日新聞プラス連載

　中日新聞プラスのブログ、「ちから教授のコトバ生態学」のタイトルで、平成26（2014）年11月27日に第1回の連載を始めてから、平成28（2016）年8月30日）で第71回になります。本書が完成する頃には、第80回くらいが公開されると思います。その後もまだしばらくは連載を続けるつもりです。そのままの文が本書になったわけではなく、連載エッセイなので、前回の話の復習などが付けてありましたが、当然それらを削除し、小見出しに番号を付け、さらに、単行本にふさわしいように、加筆修正しました。

参考文献はありません

　本書には参考文献は付けてありませんが、各種の国語辞典、外国語辞典、言語学辞典、語法辞典、語源辞典、百科事典などは大いに参考にしています。もちろん、ボクが長年に渡って研究してきた、言語学研究の方法論、言語理論、言語比較論、統語論、意味論、語用論の原理などが本書作成の基礎になってい

ます。さらに、長年調査、収集してきた、言語現象のデータを大いに活用しています。そのため、著書一覧（研究論文を除く）を紹介します。

ボクは占い（元占い師で現占い評論家）をしているので、学生からよく相談を受けます。その際、彼女達の話し方があまりにも、我々のし方と違うことに気づき、「若者コトバ」に興味を持ちました。それで本格的に調査しました。その興味関心は、「死語」「あだな」「赤ちゃん名」「ケータイ語」から、「内緒話」「忘れられない思い出」「不平不満集」「ほのぼの話集」などの若者生態に関する資料を収集しました。

日本語、若者生態収集を紹介します

長年収集してきた資料集を含めた全著書を紹介します。以下の著書が本書の土台になっています。若者生態や占い、運命学に関する書物も含まれています。

著書一覧（研究論文を除く）

平成 28（2016）年 9 月現在　加藤主税

1.～10.『精選英語読本第 1 巻』～『精選英語読本第 10 巻』私家版 単著　昭和 52（1977）年～平成 9（1997）年
11.『キロの手相の秘訣』私家版　単著　昭和 50（1975）年
12.『実践　手相例』家版　単著　昭和 52（1977）年
13.『新英語学辞典』研究社　共著　昭和 57（1982）年
14.『外国語辞典』集英社　共著　昭和 58（1983）年
15.『大学教養英文法』朝日出版社　福井慶一郎氏と共著　昭和 59

(1983) 年
16.『改訂版　大学教養英文法』朝日出版社　福井慶一郎氏と共著　昭和62 (1987) 年
17.『大学英文法のエッセンス』朝日出版社　福井慶一郎氏と共著　昭和63 (1988) 年
18.『英語と日本語と英語教育』晃学出版社　単著　昭和63 (1988) 年
19.『大学英作文のエッセンス』朝日出版社　単著　昭和64 (1989) 年
20.『改訂版　キロの手相の秘訣　私家版　単著　平成2 (1990) 年
21.『女子大生が選んだ　名古屋発　驚異の若者コトバ事典』私家版　編著　平成5 (1993) 年
22.『驚異の若者コトバ事典』海越出版社　編著　平成5 (1993) 年
23.『女子大生が集めた　あだな、ニックネーム事典』私家版　編著　平成6 (1994) 年
24.『手は口ほどにものを言う』六法出版社　編著監修　平成8 (1996) 年
25.『あだな、ニックネーム大事典』中日出版社　編著　平成8 (1996) 年　全国図書館協議会選定図書
26.『女子大生が集めた　おもしろ死語事典』私家版　編著　平成8 (1996) 年
27.『ちから教授が集めた　女子大生の内緒話』近代文藝社　単著　平成9 (1997) 年
28.『世紀末死語事典』中央公論社　単著　平成9 (1997) 年
29.『女子大生が解説　ミョーな表現集』私家版　編著　平成9 (1997) 年
30.『ペット大好き人間御用達　最新ペット名事典』私家版　編著

平成 10（1998）年

31.『女子大生がつけたい　赤ちゃんの名前大集合』私家版　編著　平成 11（1999）年

32.『日本語七変化』中央公論新社　単著　平成 11（1999）年

33.『女子大生が目撃　イヤな行動集』私家版　編著　平成 12（2000）年

34.『本当の自分がわかる運命学』PHP 研究所　単著　平成 12（2000）年

35.『嫌われる人々―女子大生が見た嫌われしぐさ』ライフ企画　単著　平成 12（2000）年

36.『女子大生のホンネ　わたし達のゼイタクな不平不満』私家版　編著　平成 13（2001）年

37.『フシギことば学』翔雲社　単著　平成 13（2001）年

38.『精選英語読本第 11 巻』私家版　単著　平成 14（2002）年

39.『女子大生のほのぼの話』私家版　編著　平成 14（2002）年

40.『日本語発掘―和語の世界』晃学出版社　編著　平成 14（2002）年

41.『女子大生が解説　ケータイネットで新人間関係』私家版　編著　平成 15（2003）年

42.『ちから教授のコトバ学』ミネルヴァ書房　単著　平成 16（2004）年

43.『若者言葉事典』私家版　編著　平成 16（2004）年

44.『女子大生の好きな死語事典』私家版　編著　平成 17（2005）年

45.『（最新版）女子大生が大好きな　死語事典』中部日本教育文化会　単著　平成 17（2005）年

46.『最新若者言葉事典』中部日本教育文化会　単著　平成 17（2005）

年

47.『女子大生がマジに付けたい「赤ちゃん名」事典』私家版　編著　平成18（2006）年

48.『ちから教授もびっくり仰天！　ホントかなウソかな　女子大生が集めた　天地がひっくり返りそうなはなし』中部日本教育文化会　単著　平成18（2006）年

49.『読むための基礎英文法』朝日出版社　福井慶一郎氏と共著　平成18（2006）年

50.『愛情たっぷり　赤ちゃんの名前事典』中部日本教育文化会　単著　平成18（2006）年

51.『女子大生が集めた「あだな」事典』私家版　編著　平成19（2007）年

52.『女子大生のホンネ』中部日本教育文化会　単著　平成19（2007）年

53.『女子大生のツッコミ話』私家版　編著　平成20（2008）年

54.『精選英語読本第12巻』私家版　単著　平成20（2008）年

55.『女子大生のココロに残った言葉』私家版　編著　平成21（2009）年

56.『使ってみると面白い！　女子大生の四字熟語会話』私家版　単著　平成22（2010）年

57.『「SJG（椙女ガール）12」による　ジェネレーションギャップ解消本-死語+武士語』私家版　編著　平成23（2011）年

58.『「SJG（椙女ガール）31」による　一生忘れられない思い出』私家版　編著　平成24（2012）年

59.『椙女大生による　おじさんに教えてあげる　ワタシ達の常識』私家版　編著　平成25（2013）年

60.『女子大占い軍団とちから教授による　楽しい手相』中部日本教

育文化会 編著 平成 25(2013)年
61.『*ケーチューから**スマチューへ―若者ネット新人間関係―』私家版 編著 平成 26(2014)年
62.『ちから教授が集めた 女子大生の秘密話』私家版 編著 平成 27(2015)年
63.『椙女大生が集めた 現代若者コトバ事典 2016』私家版 編著 平成 28(2016)年 3 月
64.『精選英語読本第 13 巻』私家版 単著 平成 28(2016)年 3 月
65.『ちから教授のコトバ生態学』単著 平成 28(2016)年 10 月
66.『ちから教授の 我が道 この道』私家版 単著 平成 28(2016)年 10 月
67.『現代死語事典(仮称)』私家版 編著 平成 28(2016)年 12 月予定
68.『ちから教授の実践手相学』単著 平成 29(2017)年 予定
69.『ちから教授のボデパ占い』単著 平成 30(2018)年 予定

なお、中日新聞「ちから教授のコトバ学」平成 10(1998)年 3 月(第 1 回)から平成 15(2003)年 6 月(第 233 回)にかけて連載。ジョイジョイ「占いのウソ、ホント」平成 14(2002)年 4 月(第 1 回)から平成 16(2004)年 3 月(第 24 回)にかけて連載。ニッセイネットワーク会報誌『クオーレ』「ちから教授のコトバ雑学」平成 16(2004)年 1 月から連載。上記 26、28 で死語の概念を確立、さらに上記 41 の著書で私の造語「ケーチュー(携帯電話中毒)」が新語として定着。平成 17(2005)年まで「愛知の教育を考える懇談会」委員。

連載 ／ 「ちから教授の加藤式実践占術」(ネット中日新聞

プラス、達人に訊け、週1）連載中（平成24（2012）年5月より連載開始、平成24（2012）年12月よりアクセスラン キングほぼ1位をキープ）、「ちから教授のコトバ生態学」（ネット中日新聞プラス、達人に訊け、週1）連載中（平成26（2014）年11月より連載開始）、はたやま便り「今月の死語」（中日新聞折込みFP、月刊）平成19（2007）年4月より連載中。

ワン子（one）ちゃんとツー男（two）くんは大の仲良し

「one、two（いち、に）」とその関連語には他の語にない特別な言語現象が見られます。特別なコトバと言ってよいでしょう。さらに異常に仲が良いことが分かります。ラブラブ状態です。それを示す、次のような7つの証拠と2つの全体証拠があります。それぞれの証拠の真相（事情、都合など）を紹介しながら、コトバ生態学の楽しさをお話しましょう。

あらすじ

次の1〜7までが7つの証拠です。
1.（「w」のプレゼント）ワン子（one）ちゃんとツー男（two）くんは、仲が良いから（ラブラブだから）、「one」は「w」がないのに、「w」を発音し、「two」は「w」があるのに、「w」を発音しない。「one」は「w」を「two」にプレゼントした。
2.（和漢戦争）「ひとり、ふたり、さんにん、よにん、ごにん、ろくにん、なな（しち）にん、はちにん、く（きゅう）にん、じゅうにん」のように、ワン子ちゃんとツー男くんは、仲が良いから（ラブラブだから）、「ひとり、ふたり」だけに「り」が付く。
3.（teen仲間）「eleven、twelve、thirteen、fourteen、fifteen、

sixteen、seventeen、eighteen、nineteen」のように「-teen」が付くが、「eleven、twelve」だけは、ワン子ちゃんとツー男くんは、仲が良いから（ラブラブだから）[-teen]が付かない。

4.（しかとされっ子）英語の月名「January（1月）、February（2月）、March（3月）、April（4月）、May（5月）、Jun（6月）、July（7月）、August（8月）、September（9月）、October（10月）、November（11月）、December（12月）」のように、「January、February」だけ、ワン子ちゃんとツー男くんは、仲が良いから（ラブラブだから）、語尾に「-uary」が付く。「September、October、November、December」は「-ber」が付く4人組。

5.（h音仲間）「ひー、ふー、みー、よー、いつ、むー、なな、やー、ここ、とー」のうち、ワン子ちゃんとツー男くんは、仲が良いから（ラブラブだから）、「ひー、ふー」だけが「ハ行（h）」で始まる。

6.（1語仲間）「once、twice、three times、four times、five times、six times、seven times、eight times、nine times、ten times」のように、「once、twice」だけ、ワン子ちゃんとツー男くんは、特別仲が良いから、1語で、他は2語。「times」が付かない。

7.（サン子(three)チャン）「first、second、third、fourth、fifth、sixth、seventh、eighth、ninth、tenth」が示しているように、ワン子ちゃんとツー男くんは、仲が良いから、「first、second、third」だけは「-th」が付かない。ただしサン子(three)チャンの存在は何？

　次の2つが全体の真相です。

8.（真相の真相）「ワン子（one）チャンとツー男（two）くんは大の仲良し」の真相の真相

9.（女性差別）なぜ「ワン男くん、ツー子ちゃん」でなく「ワン子（one）ちゃんとツー男（two）くん」なのか？

　第1章から、7章までの7つの証拠に対する、あっと驚くような証拠と真相を解説します。第8章と第9章は全体の真相です。

　　　　　　　　　　　　　平成28（2016）年9月　加藤主税

目　次

第1章　証拠1：(「w」のプレゼント)……1
　　　　証拠1：(「w」のプレゼント)
2. 証拠1の真相
3. 音のない文字
4. 綴りと発音のギャップ
5. 話し言葉と書き言葉
6. 日本語の綴りと発音のギャップ
7. 英語学習の困難さ
8. 文字から言語を分類
9. 英語は不完全な言語
10. 話し言葉と書き言葉のギャップ
11. 話し言葉、書き言葉は親子関係
12. なぜ仮名は日本語音をほぼ忠実に表すか？
13. 歴史的仮名遣いから現代式仮名遣いへ
14. 英語も現代式綴りに変える？
15. 子が親に従う場合
16. 子が親から独立する場合
17. 親が変わらないのがベスト
18. 発音優先の時代から、綴り優先の時代へ
19. 親優位から子優位へ変化
20. 「two」は書き言葉優先（子ども独立）の時代に変化
21. 「two」は書き言葉優先（子ども独立）の時代に変化
22. 書いてなくても発音する文字はない
23. 「w」の発音はどこから来た
24. 発音と文字が入り交じっての珍しい戦争
25. 書き言葉（子ども）独立の時代
26. 語同志の戦争は珍しいことではない
27. 所有格と目的格はライバル
28. 最終的勝敗結果
29. 発音と綴りのギャップが許される時代
30. ワン子（one）ちゃんとツー男（two）くんはラブラブ

31. 話し言葉、書き言葉の関係と親子関係
32. ラテン語、ギリシャ語は「死語」
33. アイヌ語が死語に
34. 話し言葉（親）、書き言葉（子）関係の変化

第2章　証拠2：(和漢戦争) ……17
その証拠と真相2

2. 和数詞と漢数詞
3. 和漢戦争
4. つい「写真機」と言ってしまったら
5. 勝敗表
6. 勝敗結果
7. 「一人前」「一人分」「二人組」
8. 漢数詞の読み方
9. 8通りの読み方
10. 「じゅう」から反対に言う場合には、「きゅう、なな、よん」と言う
11. 「し」「く」は「死」「苦」を連想
12. 助数詞と漢数詞
13. 漢数詞優位
14. 和語の助数詞
15. 助数詞が2種類も必要？

第3章　証拠3：(teen仲間) ……27
その証拠と真相3

2. 「-teen」
3. 「teens」と「十代」
4. 英訳和訳の場合
5. 「eleven、twelve」は「one+leave、two+leave」
6. 和数詞に酷似
7. 日英数詞は根本的には同一精神
8. 「twelve」の「w」は発音する
9. 「eleven」と「twelve」の2人組

第4章　証拠4：（しかとされっ子）……33
その証拠と真相4
2. 日本語の月名は規則的
3. 日本語でも月名は難解だった
4. 和語の月名
5. 英語の月名の由来
6. 「September（9月）」は7番目の月
7. 「2月」の悲劇
8. 無名だった「1月、2月」に名前を
9. 「-uary」は忌まわしい過去を残す痕跡
10. 月名の3つのグループ
11. 重要な月の中で最も上位の月
12. 「2月」が最もかわいそう
13. 「ツー子チャン」でなく「ワン子チャン」とした理由

第5章　証拠5：（h音仲間）……41
その証拠と真相5
2. 「ひー、ふー」以外でも仲良しさんが！
3. 2倍の数を示す数詞の奇妙な一致
4. 「よー、やー」「みー、むー」「いつ、とー」は大の仲良し
5. 「フ」はなぜ「fu」？
6. 「フ」は「fu」と発音するだろうか？
7. 実際「フ」は「hu」と発音する
8. 日本人はf音を発音できない
9. ハ行は息を出す音
10. フランス語はh音がない
11. マイフェアーレディ
12. 「hu」と表記すると「ヒュー」という発音になる
13. 「フ」を「hu」から「fu」に変えた理由
14. 「fu」と「hu」の大戦争
15. ファ行とハ行の違い
16. ハ行は昔パ行、ファ行に近い音
17. パ行はハ行の半濁音ではない
18. ハ行の特異性

19. ローマ字表記、「fa、fi、fu、fe、ho」は不要
20. 「セントレア」のローマ字表記
21. 通り名、鉄道名
22. 「椙山女学園大学」のローマ字（英語）表記
23. ローマ字（英語）表記問題
24. 「シ」だけなぜ「h」が付くの？
25. サ行「シ」(si) とシャ行「シ」(shi) の戦争
26. 日本人は si 音ができない
27. si 音の練習の仕方
28. 口を突き出して「she」、横に延ばして「sea」
29. 「ハイ、チーズ」について
30. この「チーズ」って何？
31. 「チーズ」の「イー」で笑顔に
32. 「Say cheese.」と「Say, cheese.」
33. 日本人は写される人は言わない
34. シャッターを押すタイミング
35. 若い人は言わない
36. 微妙なタイミング
37. 「ハイ、チーズ」の欠点
38. 良い笑顔を作るコトバの条件 1
39. 「シー」は笑顔にならない
40. 口を横に延ばして「シー」と言う人
41. 良い笑顔の条件 2
42. 「ダーイ」「スキー」
43. 「シ」は「shi」が正しい
44. 訓令式ローマ字とヘボン式ローマ字の戦争
45. 「カトウ　チカラ」のローマ字表記
46. 姓名をひっくり返してはいけない
47. 姓名をひっくり返すことは耐えられない
48. 日本だけが姓＋名をひっくり返している
49. 日本人姓名表記の変更
50. 変更期の中学生はたいへん
51. 英語の先生もたいへん
52. 外国人もたいへん

53. 日本人自身が言い始めた
54. 漢字名の外国人の呼び方
55. 漢字国における日本人名の呼び方
56. 英会話教室で日本人に英語名を付けるなんて
57. 姓名表記はしばらく混在
58. 日本名をわざわざひっくり返す
59. 変更過渡期の注意点
60. 姓＋名ローマ字表記はまだ普及していない
61. 姓＋名ローマ字表記は夢の話かも？
62. 歩行者は右側、車は左側通行
63. 右側通行か左側通行は未定
64. 日本人名表記法はまだ変わる？
65. カ音、コ音は「ka、ko」ではない
66. 「カトウ」は「Kato」から「Cato」に
67. 「Chicara」が「Chicala」に？
68. ヘボン式定着の時代
69. 姓＋名ローマ字表記は英語化の嵐に苦戦
70. 姓＋名表記は中学、高校のみ？
71. 小学校と中学校のローマ字表記

第6章　証拠6：(1語仲間) ……75
その証拠と真相6

2. その証拠6
3. その真相6
4. 「once」は「one」の、「twice」は「two」の属格形
5. 属格は副詞的機能を持つ
6. 「sometimes、always」は属格形
7. 「の」と所有格の意味
8. 「太郎の学校」の「の」は？
9. 「花、香水、魚、犬」のにおい

第7章　証拠7：(サン子(three)チャン) ……81
その証拠と真相7

2. 「-th」が付く序数詞は少し変化する

3. teen 仲間は少し変化
4. 「third」は音が入れ替わった
5. 「thir」の発音変化は綴り字優先の時代になってから
6. 音転位
7. 「子が親に従う時代」と「子の独立時代」が混在
8. 「雰囲気」を「フインキ」と
9. 「フインキ」が正用に
10. 若者と年配者との力関係
11. 言語変化の過程
12. 「ユイイツ、タイイク、ダイイチ」は発音しずらい？
13. 「セイイン（成員）、テイイチ（定位置）」は？
14. 「‥イイ‥」の音が発音しづらいわけではない
15. 英語には「エー」はない
16. 子（文字表記）が親（音）に従わない現象
17. 「ケータイ」は特権階級
18. 「東京大学」「中部電力」の略語は？
19. 「就職活動」の略語は？
20. 「婚活」
21. 「タイイク」は発音しずらい？の話題に戻る
22. 「カイイン（会員）、ハイイン（敗因）」は不変化
23. なぜ「タイイク、ユイイツ、ダイイチ」だけが？
24. ミステリアス三姉妹
25. 「エ（エ段）＋イ」は発音が「エ（エ段）＋ー」に
26. 「エ（エ段）＋イ」は子が親に反抗
27. 「英語には「エー」はない」の話の続き
28. 「プレー、メーク」は「プレイ、メイク」に変化
29. 「エ（エ段）＋イ」は発音が「エ（エ段）＋ー」に変化
30. 「ネイル、ペイ、ベイ、ゲイ」はなぜ？
31. 錦織圭選手に対する声援は「ケー！」「ケイ！」？
32. 「ウィミン」から「ウィメン」へ ---- 女性とお金は大の仲良し
33. 英語「イ」は日本語の「エ」
34. 英語「イ」の発音は、「イ」でなく「エ」
35. 「インキ」と「インク」
36. 「キ」より「ク」が圧倒的に多い

37. 古い外来語は「キ」
38. 「インキ」と「インク」は少し意味の差
39. 「ベーゴマ」
40. 「ケータイ」と「ベーゴマ」は仲良し
41. 本来の日本語なのにカタカナ表記
42. 漢字、ひらがな、カタカナ
43. イメージ、意味合いが違う
44. 「松」「まつ」「マツ」でどれが正しいか
45. カタカナが正式表記
46. ひらがな、カタカナ攻防戦
47. カタカナの出世物語
48. カタカナ衰亡、ひらがな復権
49. カタカナ復権
50. カタカナが「外来語専用文字」に
51. 英語にも外来語隆盛の時代が
52. 外来語「エ（エ段）ー」で、「エ（エ段）イ」から来ていない語
53. 「カレー」「バレー」は？
54. 「日本語には「エ（エ段）＋ー」という音はあるが表記はない
55. 「ケーチュー」は英語では「keichu」
56. 「スマホ」のアクセントは間違い
57. 「アプリ」と「ソフト」
58. サン子(three)チャンの存在感
59. 助数詞が絡むと特別なサン子(three)チャン
60. 「サンボン」は特別
61. 「サンパク」は「1、6、8、10」の仲間
62. 発音変化しない数詞は助数詞を変化させない
63. 「3」は「2、4、5、7、9」の仲間
64. 「ホン」「ポン」「ボン」
65. 「3階」だけ「ガイ」
66. 「3回」は「カイ」
67. 「サンゼン（3千）」と「サンセン（3銭）」
68. 隠されていた事実
69. 「ロク」の秘密、サン子ちゃんの親戚
70. 2倍同音関係

71.「いつつ」「とう」の関係は？
72.「つ」をプレゼント？
73.「十」さんは「？」さん？
74.「サンゼン」と「サンセン」
75.「1銭」はいいのに「1千」はダメ
76.「ヨエン」と「ヨンジュウエン」
77.「ヨエン」と「ナナエン」だけが和数字系
78. 数詞を音変化から分類
79. 助数詞の種類
81.「サン子(three)チャン」と「ワン子(one)チャン」
82. その他の数詞もそれぞれ個性的
83.「カタカナ亡国論」

第8章　真相8：(真相の真相) ……127
真相8

2. 7つの証拠
3.「ワン子ちゃん」は特別
4. 単数と複数
5.「子」＋「ども」＋「達」
6.「ツー男くん」は複数の代表
7.「特権階級」の話
8. 英語の「特権階級」コトバ達
9. 6種の活用変化
10. 数字が大きくなるほど特権階級
11. 特権階級語「be動詞」
12.「別格」理由
13. 否定略形
14. 使用頻度が高い理由
15. 特権階級語「go」
16. 激しいバトル
17. 和漢戦争勝敗表
18.「go」の特異性（現在完了形「経験」）
19. 特権階級語「go」の友だち「come」
20. 動詞1組から6組

21. 5組と6組は特別少人数クラス
22. 5組の「come」は6組の「go」と対のコトバ
23. 4組「不規則動詞　A-A-A型」
24. 不規則動詞は規則動詞よりは特権階級
25. 自然界のおきて
26. 形容詞の比較変化
27. 1組　規則的比較変化 (-er、-estを付けるもの)「tall」など
28. 2組　規則的比較変化 (more、mostを付けるもの)「beautiful」など
29. 3組　不規則的比較変化 (ほぼ規則変化、比較級、最上級が2種あるもの)「late」など
30. 4組　不規則的比較変化 (ほぼ規則変化、最上級が2種あるもの)「next」
31. 5組　不規則的比較変化 (不規則変化、劣等比較)「little」
32. 6組　不規則的比較変化 (原級が2種あるもの、別機能を持つ)「many」
33. 7組　不規則的な比較変化 (語源が異なり原級が2種あるもの)「good、bad」
34. 自然界のおきて
35. 規則に従わない特権階級
36. 「ケータイ」は特権階級
37. 「携帯電話」は特別な存在
38. 「スマホ」が死語に
39. 「ケータイ」はなぜ強い？
40. 規則に従わない特権階級
41. 「薄型テレビ」と「箱形テレビ」
42. 「スマホ」と「ケータイ」
43. 学食にケータイ置き忘れた
44. 3種の死語
45. 「パンティ」が死語に
46. 「メイク」が死語に
47. 「パンスト」は完全死語
48. 若者と年配者コトバが接近
49. 平成2桁生れの若者が台頭、しかも選挙権まで！
50. 平成2桁生れがコトバを変える

51. 若者コトバと死語
52. 死語関係（数字は著書番号）
53. 若者コトバの「いま」、「むかし」
53.1. 若者コトバ発生の理由
53.2. 平成5（1993）年の特色（『驚異の若者コトバ事典』海越出版社　平成5（1993）年）
53.3. 平成17（2005）年の特色（『最新若者言葉事典』中部日本教育文化会　平成17（2005）年）
53.4. 平成28（20016）年の特色（『椙女大生が集めた　現代若者コトバ事典2016』　私家版　平成28（2016）年）
54. 平成2桁生れの若者コトバの新傾向
55. この25年間の死語の動き
56. 平成2桁生まれの若者が政治を変える

第9章　真相9：（女性差別）……159
女性差別を言語現象で確認

2. 複合語、「牛乳、乳牛」
3. 修飾関係の複合語
4. 「ゆで卵」と「玉子焼き」
5. 「卵」と「玉子」
6. 「ミカン狩り」と「潮干狩り」
7. 習慣と慣習
8. 並列関係、「左」「右」は特別階級
9. 並列関係はどちらが先でもよい？
10. 並列関係が女性差別を表す
11. 「雌雄」と「牝牡（ひんぼ）」
12. 「boys and girls」「father and mother」
13. 「女男」「母父」「婦夫」「淑女紳士」
14. 「目鼻」「花鳥」「森林」の（人間）関係
15. 2種の「土砂」
16. 種々の優位性
17. 学校の呼び方
18. なぜ「縦」が「横」より前？
19. 縦書きと横書き

20.「靴下」は靴の下？
21.「美醜」と「醜美」は例外
22.「東西南北」と「東西」
23.「欧米」と「米欧」
24.「独仏」と「仏独」
25. 並立表現の優位性はコトバの限界
26. 現実世界の言語化
27. コトバは現実世界の差を拡大
28. 女性差別の現実をコトバが表す
29. 雛祭りと端午の節句（女性差別の証拠）
30.「こどもの日」は「男の子の日」
31.「子息（しそく）」と「子女」
32.「むすこ」と「むすめ」
33.「おとこ」と「おとめ」
34. 2種の「こども」「こ」「子」
36. 女の子は「こども」ではない
37. 女性差別の日
38. 改革案
39. いつがいいのか？
40. 4月4日は年度初めで不都合
41. 女らしい名前と男らしい名前
42. 男性有利、女性不利な名前
43. 名前は初めてのプレゼント
44. 女偏（旁）の付く漢字
45. 男偏（旁）の付く漢字
46. 欠損表現
47. 欠損表現を観察すれば
48.「院長夫人」の対照語
49. 女性専用語
50. コトバを変える
51.「家政婦」「家政夫」「家政士」
52.「リケジョ」「レキジョ」「ドボジョ」
53.「イクメン」「スイート男子」「エステ男子」
54.「婦人会」「男性会」「婦人会館」「男性会館」

55.「女子大生」と「女子学生」
56.「女子高生」
57.「女学生」に対して、「男学生」
58. 差別語の親分「未亡人」
59.「未亡人」と「やもめ」
60.「やもめ」事情
61.「やもめ」と社会変化
62.「やもめ」のまとめ
63.「chairman」から「chairperson」に
64. 2種の「少年」
65. 2種の「青年」
66.「青少年」
67.「少女」と[girl]
68.「俳優」「男優」「女優」
69.「オネエ」「オニイ」
70.「鬼嫁」「鬼夫」
71.「無数」と「有数」
72.「『お』付きコトバ」
73. 10種類の「お」付きコトバ
74. 女性差別の証拠を明確にするには
75. 資格、学歴の男女差
76. 差別解消に対する両面作戦
77. 並列表現の順を変える
78. 差別表現を変えること
79.「ワン男くん、ツー子ちゃん」

第1章　証拠1：(wのプレゼント)

証拠1：(「w」のプレゼント)

　第1章は「ちから教授のコトバ生態学　第1部　ワン子 (one) ちゃんとツー男 (two) くんは大の仲良し」の1の証拠「wのプレゼント」の真相についてお話します。

　上記の仲の良い証拠1から説明します。証拠7まであります。

　「(wのプレゼント) ワン子 (one) チャンとツー男 (two) くんは大の仲良し」の証拠1は、「『one』は『w』がないのに、『w』を発音し、『two』は『w』があるのに、発音しない。」ということです。つまり、『one』は『w』を『two』にプレゼントしたのです。これには次の2種のプレゼントの仕方があります。

　1.「one」は文字通り「オン」と発音し（日本語音で表記します）、「two」は同じく「トゥヲ（ワ行のオ段）ー」と発音していました。ラブラブになって、「two」は「w」の音だけを「one」にプレゼントして「トゥヲ（ワ行オ段）ー」の「ヲー」がなくなって「トゥ」になり、「w」の文字は残しました。

　一方「one」は「w」の音だけをもらい、文字（綴り）はそのままで、「オン」という発音が「w」の音をもらって「ヲン（ワ行オ段）」になり、「ワン（ワ行ア段）」に変化しました。

　2.「one」は元々「wone」と言う綴りで、「ヲ（ワ行のオ段）ン」と発音し、その後「ワン」に変化し、「two」は「too」の綴りで、「トォ」と発音していました。(その後「トゥ」に変化) ラブラブになって、発音はそのままで、「one」は「w」の文字だけを「to」に贈り、「to」は「two」になりました。

　こんなおもしろい言語現象は絶対ないことです。それほど仲がいいのです。

2. 証拠1の真相

　実はこれには真相があります。皆さんはがっかりされると思いますが、現実はそんなに甘くないです。夢が覚めるかもしれませんが、ボクの話を聞いてください。

　まず、「two」の「w」の話です。英語には、綴り字にあっても発音しない語が多くあります。有名な語では、「castle、often、knife、knee、knit、night、knight、honest、psychology、island」などの「t」「k」「gh」「h」「p」「s」は発音しません。学習用辞書には「発音注意」と書いてあります。初心者はつい発音してしまうからです。高校入試などにもよく出ますよ。

3. 音のない文字

　言語学では、「黙字」と呼びます。それらの中に、「write、sword、answer」など「w」があります。これらのwは発音しません。ということは、「two」の「w」はこの仲間なのです。これら黙字の原因は、昔は綴り字通りに発音していました。長年経って発音が変化したのに、綴りが前の発音で固定してしまって、綴りだけが残ったのです。これはあくまで原則です。というのは外来語の影響から黙字を持つ語もあるからです。

4. 綴りと発音のギャップ

　英語は綴りと発音のギャップが激しい言語です。言語は変化します。(現代日本語も変化していますよ。このことについては後ほど説明します。)主な原因は、言語変化が綴りに対応していないことです。日本語なら耳から入って来た音をそのまま文字化できますが、英語はできません。「サンゴ」と聞いて、そのままメモし、辞書を引けば、「サンゴ、産後」などが分か

ります。英語は「ナイフ」と聞いて、辞書を引くことができません。まさか「k」が付いているとは想像できませんよね。

書いてあっても読まない黙字以外にも、同じ発音でも、複数の綴りがあります。「<u>ear</u>ly、p<u>er</u>son、w<u>or</u>k、g<u>ir</u>l、p<u>ur</u>ple」などの下線部は同じ発音です。

5. 話し言葉と書き言葉

綴りと発音の関係は、話し言葉と書き言葉の関係です。話し言葉が先にあって、その後書き言葉が作られます。話し言葉（発音）が変化すると、それに応じて、書き言葉（綴り）が変化するのが原則です。このコーナーではその関係を親（話し言葉）子（書き言葉）関係で説明します。親子関係が正常なら、親の変化に子が合わせます。

英語の場合、子（綴り）が親（発音）に反抗する関係です。

6. 日本語の綴りと発音のギャップ

日本語でも、書いてあっても読まない文字は、漢字の場合、わずかですが存在します。たとえば、ボクの名前「主税」は「税」だけで、「ちから」と読んでいました。「主」は読みません。他には「和泉（いずみ）」「鏡味（かがみ）」などがあります。ただし、宛て字は別問題。ひらがな、カタカナは書いてあっても読まない文字はありません。

仮名なら、聞いた通りにそのまま書くことができます。音と文字がほぼ対応しているからです。ただし例外があります。「ヘ」の文字は「エ」と「ヘ」の音があります。「え」の文字は「エ」の音しかありません。「は」の文字は「ハ」と「ワ」の音があります。「わ」の文字は「ワ」の音だけです。「お」と

「を」の文字は同じ「オ」の音です。(「ヲ（ワ行のオ段）」の音は昔、ありましたが、今ではあまり聞きません。)

7. 英語学習の困難さ

　英語学習の困難さは発音と綴りのギャップです。英語にとっての外国人学習者はもちろんですが、ネイティブの子供達にとっても大変な障害になります。ネイティブの子供達は英語が話せても、書いたり、読んだりすることに苦労しています。日本語では、聞いた言葉を、仮名なら、書いたり読んだりは簡単です。「foreigner、beautiful、February、psychology」の綴りを発音できますか。あるいは、発音を聞いて正確に書くことができますか。難しいですよね。

8. 文字から言語を分類

　世界の文字を持つ言語を表記法（文字）から、次の3種に分類できます。
1. 表音文字言語
　言語音をそのまま文字で表す言語、英語をはじめヨーロッパ言語のほとんどがこの種に入る。
2. 表意文字言語
　言語音は関係なく、語の意味を文字で表す言語。中国語がその代表。外来語の音を表記することが困難。
3. 両方の文字を持つ言語
　日本語がその代表。ひらがな、カタカナ（表音文字）と漢字（表意文字）を持つ。世界の言語では、例外的な珍しい言語と言うことができる。韓国語も両方の文字を持つが、現在では漢字（表意文字）を廃止する方向に向かっている。

9. 英語は不完全な言語

　日本語の仮名は日本語音をほぼ忠実に（わずかの例外を除いて）表すので、発音変化に対応しています。たとえば「おたく」という音は、そのイメージから、カタカナ表記「オタク」になり、さらに、「オ」の発音が強調され「ヲ（ワ行のオ段）」の音に変化すると、その表記も「ヲ（ワ行のオ段）タク」になりました。

　英語は表音文字言語であるにもかかわらず、英語音を正確に表記できない。不完全な言語と言うことができます。

10. 話し言葉と書き言葉のギャップ

　さて、話を本筋に戻します。「two」の「w」は発音していました。というのは、言語は本来話し言葉で、書き言葉はありませんでした。でも社会が複雑化するにつれて、話し言葉を記録する必要が生じました。支配者が言った言葉を記録しておかないと、せっかく治めた、あるいは作った規則、法律などが、支配者の死によって、忘れられ、乱れてしまいます。

　ということは、書き言葉はそれを読めば、正確に話し言葉が再生できるように作られました。話し言葉と書き言葉が対応していなければなりません。綴りを見れば正確に発音できるように、工夫されました。綴りと発音が合っていないことはあり得ないことです。すべての表音文字言語は初期の段階では、書き言葉は話し言葉に従っていました。

11. 話し言葉、書き言葉は親子関係

　話し言葉は親で、書き言葉は親から生まれた子どもと言うことができます。元来、子は親に従うものです。子が成長するにつれて、子が親に従わないようになります。いわば、子の反抗期がやってくるのです。その後独立する方向に向かいます。つまり、親が変わっても子がついて行かなくなるのです。悪く言えば、子は親の面倒を見なくなるのです。

12 なぜ仮名は日本語音をほぼ忠実に表すか？

　英語と同じように、発音（親）が変化したはずなのに、日本語の文字（子）はなぜ日本語音を忠実に表すのでしょうか。なぜ英語と違って、子は親に従順なのでしょうか。

　実は日本語も、親から独立していました。「だらう」「せう」「てふてふ」と書いて、「だろう」「しょう」「ちょうちょ」と発音していました。元来は文字通りの発音だったのですが、発音変化後も古い書き方をしていました。発音と文字とのギャップが英語と同じように、発生したのです。

　ただし、文字自身の発音が現代と異なる場合もありました。たとえば、「は、ひ、ふ、へ、ホ」の文字は平安時代、「ぱ、ぴ、ぷ、ぺ、ぽ」の音で、それが、「ふぁ、ふぃ、ふ、ふぇ、ふぉ」に変化し、江戸時代の頃には現在の音になったと言われています。

13. 歴史的仮名遣いから現代式仮名遣いへ

　昭和期の戦後になって、表記法が改められました。それ以前の表記を歴史的仮名遣い、旧仮名遣いと呼び、それ以後の表記を現代式仮名遣いと呼んでいます。現代式仮名遣いは原則的に

発音通りの表記法です。教育用の教科書をはじめ、新聞、書籍、法律文などが現代式仮名遣いになりました。

　子ども達は、親世代とは異なる現代式仮名遣いで、学び始めました。その過渡期はたいへんだったでしょうね。発音通りに書くことができるのはたいへん便利です。

　不便なこともありました。明治時代のように、比較的新しい文学作品などは、現代式仮名遣いで印刷すれば、理解できますが、ずっと古い、膨大な数の文献や文学作品などは、文法も異なっていたので、子ども達は古典という教科を学ぶ必要が出てきました。

14. 英語も現代式綴りに変える？

　英語も日本語のように、現代式発音に即した綴りに変えれば、便利でしょうね。英語は無理でした。日本語よりも膨大な辞書、文献が存在するし、英語を話す人が爆発的に増加しました。イギリスだけでありません。アメリカ、カナダなど、世界中に存在しているからです。

　アメリカの地下街などの落書きでは、「tonite (tonight)、lite (light)、hi (high)」などを見たことがあります。若者は仲間内でこのような、発音通りの綴りをもっと多く使っていると思います。

15. 子が親に従う場合

　長年かけて、発音が変化し、初めのうちはその発音に応じて、綴りも変化しました。そのうち過去の時代に書かれた法律などの文が、その時代の発音と異なってきました。過去の言葉の発音通りに書かれたことが、その時代の発音に合わなくなってき

たのです。

　つまり、親が変化したのです。話し言葉の変化に応じて書き言葉を変えて行くと、つまり、子が親の言いつけを守ると、昔書かれた文字が昔の発音通りに書かれているので、発音が変化した時代の言葉を使っている人々に通じなくなってきます。

16. 子が親から独立する場合

　その反対に話し言葉の変化にとらわれずに、書き言葉を固定すると、つまり、親の変化に子が追随しないと、昔の発音との差が綴りと発音のギャップという形で発生するのです。

　「knife」の例を出して説明しましょう。「knife」は「クニッフ」と文字通り発音していました。発音が「ナイフ」になり、文字を発音変化に従って（子が親に従って）、「nife」にすると、後世の人は、昔の文字「knife」の意味が分からなくなります。

　その反対に、子が親に反抗して、発音が「ナイフ」に変化しても、昔の綴り字「knife」を固持すれば、昔の文字の意味は理解できますが、発音と綴り字に差が生じてしまいます。

17. 親が変わらないのがベスト

　親子の断絶も親子の主従のどちらも、問題があることが分かりました。人の親子も同じでしょうね。親が変わるので、トラブルが発生します。変わらなければ、子が悩むこともないでしょう。

　しかし、親が変わらないことは、言語学的には無理です。言葉を取り巻く状況が変化するので、それに応じて変わらざるを得ないのです。人の場合でも社会が変化すれば、人（親）は変わります。それに応じて親子関係も変化するでしょう。

18. 発音優先の時代から、綴り優先の時代へ

　発音優先（子が親に従う）の時代には、発音変化に応じて、書き方（綴り）を変えました。発音が変化するたびに綴りを変えたのです。つまり親の変化に応じて、子がついて行きました。親子の断絶も親子の主従のどちらも、問題があるので、子は悩みました。でも最終的には、親からの独立を選択しました。

19. 親優位から子優位へ変化

　というのは、時代が進むにつれて、文献、法律、歴史などの過去の文献が増加し、さらに印刷術の発達により、発音変化の度に、綴りを変えることが困難になりました。綴り固定（子の独立）の時代になりました。つまり話し言葉優先から、書き言葉優先の時代になったと言うことができます。親子の主従関係から、子の独立、さらに子優位の時代になったのです。これは、話し言葉より、書き言葉の方が重要視される社会になったのが原因です。親が老いて弱くなり、子が立派に成長して、親が子に従う時代になったのです。

　話し言葉優先から、書き言葉優先の時代になったと言うことは、話し言葉（親）の言うことを書き言葉（子）が聞かなくなったということです。つまり、子供の反抗期ということができます。子供の反抗期も異常事態ですよね。親にとっては淋しいことですが、このようにして、子供は大人になってゆくのです。

　言葉ってなんて人間臭いでしょう。

20.「two」は書き言葉優先(子ども独立)の時代に変化

　「two」の本題に入ります。「two」は、「w」を発音し「トゥヲ(ワ行オ段)ー」と発音していましたが、「ヲ(ワ行オ段)ー」の音がなくなって「トゥ」のように発音が変化し、「w」を発音しなくなっても、文字だけが残りました。つまり「two」は「one」から「w」の文字をプレゼントされたワケではなく、元々「w」という文字を持って、w音を発音していたのです。最初から「w」があって、音声変化によって「w」を発音しなくなっても、その綴りが変化しなかっただけです。これは英語に広く見られる現象なのです。ただし、面白いことに、同種の「twelve、twenty」の「w」は発音します。

21. twoは書き言葉優先(子ども独立)の時代に変化

　「two」の本題に入ります。「two」は、「w」を発音し「トゥヲ(ワ行オ段)ー」と発音していましたが、「ヲ(ワ行オ段)ー」の音がなくなって「トゥ」のように発音が変化し、「w」を発音しなくなっても、文字だけが残りました。つまり「two」は「one」から「w」の文字をプレゼントされたワケではなく、元々「w」という文字を持って、w音を発音していたのです。最初から「w」があって、音声変化によって「w」を発音しなくなっても、その綴りが変化しなかっただけです。これは英語に広く見られる現象なのです。ただし、面白いことに、同種の「twelve、 twenty」の「w」は発音します。

22. 書いてなくても発音する文字はない

　じゃあ、「『one』は『w』がないのに、『w』を発音する。」はどういうことなのでしょう。すでにお話したように、書き言葉優先（子ども独立）の時代には、英語には書いてあっても読まない文字はあります。その反対に書いてなくても発音する文字（語）はあるでしょうか。実は一生懸命、辞書で調べました。ありませんでした。もしあったら教えてください。英語では綴りにない文字を発音する語は、「one」の「w」だけなのです。

　英語のネイティブスピーカーが知っている単語は、2万語程度だと言われています。そのうち「one」だけなのです。別格の語ですね。

23. 「w」の発音はどこから来た

　では「one」の「w」の発音はどこから来たのでしょうか。英語の歴史は、ここでは詳しくお話ししませんが、ホントに大まかに言えば、1066年ノルマンコンケスト（ノルマン征服）以前の英語を古英語、それ以降16世紀頃までを中英語と呼び、その後近代英語、さらには現代英語になります。

　「one」の話は、古英語、中英語の時代を通した長い期間のことです。現在の「one」を意味したり、機能したりする語は方言とか時代によって、次の5種の系統がありました。すべて、「one」は「オネ」のように、綴り、文字通りの発音です。それぞれは格変化するので、これら以外の形もあります。

　1.「o、on、one」、2.「a、an、ane」、3.「e、en、ene」、4.「wo、won、wone、5. wa、wan、wane」

　1のグループから5のグループが戦争をします。勝者が残り、敗者が消えます。

24. 発音と文字が入り交じっての珍しい戦争

　現在の「one」を意味したり、機能したりする語は方言とか時代によって、次の5種の系統がありました。話し言葉と書き言葉（親子）が対応していた時代なので、すべて、「one」は「オネ」のように、綴り、文字通りの発音です。それぞれは格変化するので、これら以外の形もあります。

　1.「o、on、one」、2.「a、an、ane」、3.「e、en、ene」、4.「wo、won、wone」、5.「wa、wan、wane」

　それぞれの発音は、話し言葉（親優先）の時代なので、文字通りの発音でした。これらが、長い期間争いました。時期的、地域的に優勢になった語や、勝負がつかなくて、併用された語もありました。最終的に勝って生き残ったのは、1.「o、on、one」の仲間と2.「a、an、ane」の仲間です。2の仲間は現代英語では不定冠詞になっています。1の仲間が最終な勝者です。しかし、その発音は5.「wa、wan、wane」の仲間が勝ちました。「w」の音が付いている方が、発音するとき気持ちよく、また響きも良いからかもしれません。

　日本語でも「アー」より「ワー」のように「w」を付けた方が、響きますよね。最近、「ウェーイ」がはやっていますが、これは「エーイ」の強調表現なのです。

25. 書き言葉（子ども）独立の時代

　この変化は、話し言葉（親優先）優先の時代には、起きることはありません。書き言葉（子ども）独立の時代になったから、起こったのです。発音と文字が入り交じっての珍しい戦争ということが言えます。

　「only（one + ly）、alone（all + one）」は綴りも発音も1

の系列「o、on、one」が残っていますが、「w」が付いていません。しかし「once (one の格変化形、属格)」は「w」の音が付いています。「ワガママッ！」って言いたいですね。

26. 語同志の戦争は珍しいことではない

　語同志の争いは、よく見られる言語現象です。たとえば、英語の再帰代名詞を例に挙げると分かりやすいでしょう。再帰代名詞は「人称代名詞の所有格か目的格に「-self、-selves」の付いた語で、-自身を意味する」と説明しています。「か」の部分が曖昧ですよね。

27. 所有格と目的格はライバル

　次の1から8まで、前の語は所有格 +「self (selves)」、後の語は目的格 +「self、selves」が戦いました。4の「herself」は所有格と目的格が同形なので、戦う必要はありません。
1.「(私自身) myself、meself」、2.「(あなた自身) yourself、youself」、3.「(彼自身) hisself、himself」、4.「(彼女自身) herself、herself」、5.「(それ自身) itself、itself」、6.「(我々自身) ourselves、usselves」、7.「(あなた達自身) yourselves、youselves」、8.「(彼ら自身) theirselves、themselves」

　時代、地域、方言によっては、両者の戦争中は両方の語が存在していました。

28. 最終的勝敗結果

　最終的勝敗結果としての勝者は1.所有格（myself）、2.所有格（yourself）、3.目的格（himself）、4.ドロー（herself）、5.目的格（itself）、6.所有格（ourselves）、7.所有格（yourselves）、8.目的格（themselves）

　所有格の4勝3敗1分けです。英語学習者はたまりませんね。所有格、目的格どちらかに統一してほしかった。でもコトバってこんなものですよ。言語変化は語同志の戦争からも起きます。たとえ奇麗な文法規則にならなくとも。

29. 発音と綴りのギャップが許される時代

　古英語、中英語の時代には、話し言葉優先（親優先、子が親に従う）時代だったので、発音はすべて綴り字通りだったのです。このように、「one」と書いて「ワン」と読むことはありませんでしたが、近代英語時代は、発音が大幅に変化した時代でした。一方、この時代、文献の増加や印刷技術の普及により綴りが固定し、発音と綴りにギャップが生じ始めました。（発音優先時代から綴り優先時代）それで「one」と書いて「ワン」と発音することが許されたのです。「親（話し言葉）に従うか」と「独立するか（書き言葉優先）」という選択肢のうち、子（書き言葉）は悩んだ末、「独立する」を選択した時代だったのです。

30. ワン子（one）ちゃんとツー男（two）くんはラブラブ

　「one」と「two」はよくセットで使います。つまり、このことは、コトバ生態学の観点からみると、ワン子（one）ちゃんとツー男（two）くんは大の仲良し、ということを意味します。

「ラブラブなので、「one」は「w」を「two」にプレゼントした」という見かけ上の人間臭い現象は、その真相がそれぞれまったく別のところにあっても、驚くべき偶然です。英語のネイティブスピーカーも真相を伝えずに、この見た目の「wプレゼント現象」を知ると驚くと思います。

31. 話し言葉、書き言葉の関係と親子関係

話し言葉（親）と書き言葉（子）関係をまとめてみましょう。言葉は話し言葉（親）が基本です。親がいなければ子は存在しません。子のいない親もいます（文字を持たない言語）。親のいない子はいません。ただし、親のいない子は例外的に存在しますが、元々はいたのですが、なくなって、子だけの言葉になったのです。ラテン語、ギリシャ語などを「死語」と呼んでいますが、書き言葉（子）だけ残っていて、話す人（話し言葉）がいなくなった言語です。

32. ラテン語、ギリシャ語は「死語」

一般的な意味の「死語」は「現代語で若者から見て、古くさくなった語」（加藤主税の定義）で、ラテン語、ギリシャ語などの「死語」は死んだ言語のことです。ラテン語やギリシャ語は書き言葉（子）は残っているので、完全な死語ではありませんが、アイヌ語の場合は、書き言葉（子）がないので、完全な死語と言うことができるでしょう。

33. アイヌ語が死語に

　また、「アイヌ語が死語になりそうなので、今のうちに記録する必要がある。」と言う場合には、アイヌ語は書き言葉（文字）がありません。（ただし、アイヌ人自身が平仮名や片仮名を工夫して、文字化していますが、完全に規則化されているわけではありませんし、その発音が仮名に対応できないことも事実です。）さらに、アイヌ語を話す人々が、少なくなって高齢化しているので、話し言葉（親）、書き言葉（子）ともなくなってしまう可能性があるのです。

34. 話し言葉（親）、書き言葉（子）関係の変化

　話し言葉（親）を記録するために、書き言葉（子）が作られたので、本来の親子関係は主従関係でした。親の変化に応じて、子は変化します。子が成長にするにつれて（書き言葉の普及、発達、印刷術の進歩など）、子の重要性が高まりました（地位が上がりました）。また、親は社会的な変化とともに、親自身が大幅に変化（大母音変異、言語混合などで）時代に入りました。

　子（書き言葉）はそんな親（話し言葉）の大幅な変化について行くことが難しくなり、反抗し親の変化に応じることは、なくなりました。しかし、子は勝手に行動するわけではありません。ただ親の変化に応じて変化しないだけです。

第2章　証拠2：(和漢戦争)

その証拠と真相2

　第2章は「(和漢戦争)「ひとり、ふたり、さんにん、よにん、ごにん、ろくにん、なな(しち)にん、はちにん、く(きゅう)にん、じゅうにん」のように、ワン子(one)ちゃんとツー男(two)くんは、特別仲が良いから(ラブラブだから)、ひとり、ふたりだけに『り』が付く。」ということです。つまり、「ひとり、ふたり」以外は「にん」の話です。

　この真相を解説します。

2. 和数詞と漢数詞

　仲の良い証拠ははっきりしています。一目瞭然です。その真相をお話します。日本語には2種の数詞(和数詞と漢数詞)があります。ちなみに英語にも2種の数詞(基数詞と序数詞)があって、基数詞は、「one、two、three、four、five、、、」の系列で、序数詞は、「first、second、third、fourth、fifth、、、」の系列です。

日本語には序数詞はありません。日本語の 2 種の数詞は 2 種とも基数詞です。和数詞は「ひとつ、ふたつ、みっつ、よっつ、、、」の系列で、漢数詞は、「いち、に、さん、し、、、」の系列です。　そして人を数えるとき、1、2の場合だけ、「ひとり、ふたり」のように和数詞を使い、3以降は「さんにん」のように漢数詞を使うのです。1と2が特に仲が良いからということは間違いではありませんね。

3. 和漢戦争
　実は、昔は人を数える場合、以下のように和数詞と漢数詞の両方が使われていました。和数詞と（漢数詞）が長い期間争っていました。
　和数詞（漢数詞）「ひとり（いちにん）、ふたり（ににん）、みったり（さんにん）、よたり（しにん）、いつたり（ごにん）、むたり（ろくにん）、ななたり（しち（なな）にん）、やたり（はちにん）、ここのたり（きゅう（く）にん）、とたり（じゅうにん）」
　決着がつくまでは、両方使われていました。時期、地域、年齢、性別、個人によってそれぞれの優劣が異なっていたでしょう。場合によっては、同じ人が、両方使っていたことも考えられます。

4. つい「写真機」と言ってしまったら
　たとえば、「写真機」と「カメラ」が戦っていたとき、時期、地域、年齢、性別、個人によって、どちらかを使用していたことでしょうし、同じ個人が、時と場合で、使用語を変えていたのです。

決着がついた現在なら、笑いを誘うために、わざわざ「写真機」と言うこともあります。無意識につい「写真機」と言ってしまうと、恥ずかしい思いをしますよね。

5. 勝敗表

上記リストをチェックしてください。助数詞の場合、「り」が和語助数詞、「にん」が漢語助数詞です。現在使われている語が勝者で、その勝敗表は以下のようです。以下は和数詞、和語助数詞から見た、勝敗表です。〇は和数詞と和語助数詞の勝ち、×は負けです。

言い換えれば、〇は和数詞、和語助数詞、の勝ち、×は漢数詞、漢語助数詞です。和漢数詞が10試合、和漢語助数詞が10試合あるので、20試合あります。

「〇ひと〇り、〇ふた〇り、×さん×にん、〇よ×にん、×ご×にん、×ろく×にん、×しち（〇なな）×にん、×はち×にん、×きゅう（×く）×にん、×じゅう×にん」

「〇よ×にん」の場合、「よ」が和数詞、「にん」が漢語助数詞で、和語の1勝1敗になります。「〇なな×にん」の場合、和語の1勝1敗で、「×しち×にん」の場合は2敗です。それで、「〇なな×にん」「〇しち×にん」を引き分けにします。「×きゅう（×く）×にん」の場合は「×きゅう」も「×く」も漢語で、和語の4敗です。

6. 勝敗結果

上の勝敗表から、その勝敗結果について、和数詞、漢数詞、和語助数詞「り」、漢語助数詞「にん」で20戦あり、勝敗結果は和語の5勝14敗1分けです。「ななにん」「しちにん」が1

分けです。

　和語の大敗、漢語の大勝です。「1台、2機、3回、4本、5枚、6冊、7匹、8歳、9脚、10杯」などの数詞の読み方は、完全に和語の完敗です。漢語は圧倒的に強いです。(ただし、「4本」の数詞は和語読み、「7匹」の数詞は和語読み、漢語読みの両用) それを考慮すれば、たとえ「ひとり」「ふたり」は5勝14敗1分けでも、善戦したと言ってよいでしょうね。

　「ひとり」「ふたり」は助数詞で2勝していますが、他の助数詞ではまったくないことです。「1台、2台、3台、4台、5台、6台、7台、8台、9台、10台」で「台」という助数詞は「台」すべてで統一しています。これが普通のことです。「ひとり」「ふたり」という語の特別性がお分かりでしょう。

7.「一人前」「一人分」「二人組」

　「ひとり」と「いちにん」、「ふたり」と「ににん」が争い、結果は「ひとり」と「ふたり」の和語が勝ちました。しかし「いちにん」「ににん」は「一人前」「一人分」「二人組」「二人三脚」という表現では残っています。漢語は強い！

　「三人」を「さんにん」と読むことはいいですが、「一人、二人」を「ひとり、ふたり」と読むことは不自然です。「人」を「り」と読まなくてはいけませんね。漢字表記が固定して、発音が変化しています。文字と発音のギャップが生じています。この点では英語と同じです。

　「人」を「り」と読むのは当て字でしょうね。

8. 漢数詞の読み方

　ものを数える場合、和数詞。漢数詞では次のようです。

和数詞:「ひとつ、ふたつ、みっつ、よっつ、いつつ、むっつ、ななつ、やっつ、ここのつ、とう」
漢数詞:「いち、に、さん、し（よん）、ご、ろく、しち（なな）、はち、く（きゅう）、じゅう」（「し（よん）、しち（なな）」の（　）内は和数詞）

　和数詞は呼び方が一通りしかありませんが、漢数詞では、「し（よん）、しち（なな）、く（きゅう）」の2通りあります。（　）内は和数詞起源です。ただし、「く」「きゅう」はどちらも和数詞（和語）ではなく、「きゅう」は漢音、「く」は呉音です。

　ちなみに、漢字には、訓読みと音読みがあります。もちろん、音読み訓読み両方の読みを持っている漢字、訓読みだけの漢字、音読みだけの漢字もあります。訓読みが和音、音読みが漢音ですが、音読みには呉音もあります。たとえば「女」の音読みは漢音が「じょ」、呉音が「にょ」です。「若」は漢音が「じゃく」、呉音が「にゃく」です。

9.8通りの読み方

　「し（よん）、しち（なな）、く（きゅう）」の3語がそれぞれ2通りあるわけですから。「いち、に、さん、し（よん）、ご、ろく、しち（なな）、はち、く（きゅう）、じゅう」の読み方は、理論的には、全部で次のように8通りの読み方があります。

1. 4、7、9すべて（　）外の語（し、しち、く）
　「いち、に、さん、し、ご、ろく、しち、はち、く、じゅう」
2. すべて（　）内の語（よん、なな、きゅう）
　「いち、に、さん、よん、ご、ろく、なな、はち、きゅう、じゅう」
3. 4だけ（　）内の語で後は（　）外の語（よん、しち、く）

「いち、に、さん、よん、ご、ろく、しち、はち、く、じゅう」
4. 7だけ（　）内の語で後は（　）外の語（し、なな、く）
「いち、に、さん、し、ご、ろく、なな、はち、く、じゅう」
5. 9だけ（　）内の語で後は（　）外の語（し、しち、きゅう）
「いち、に、さん、し、ご、ろく、しち、はち、きゅう、じゅう」
6. 4と7が（　）内の語で、9だけ（　）外の語（よん、なな、く）
「いち、に、さん、よん、ご、ろく、なな、はち、く、じゅう」
7. 7と9が（　）内の語で4だけが（　）外の語（し、なな、きゅう）
「いち、に、さん、し、ご、ろく、なな、はち、きゅう、じゅう」
8. 4と7が（　）内の語で9が（　）外の語（よん、なな、く）
「いち、に、さん、よん、ご、ろく、なな、はち、く、じゅう」

　皆さんはこれら8通りのうち、どちらで言いますか。意識せず普段通りに言ってみて、その番号を友達や家族の人々と比べてみてください。

　ちなみに、ボクは7番です。言い方のアンケートをとって、その割合（％）を調査し、ランク表を作成したいですね。自分の言い方が特異なのか、普通なのか知りたい所です。

10.「じゅう」から反対に言う場合には、「きゅう、なな、よん」と言う

　ところが、後から反対に、「じゅう、きゅう、はち、、、、、」と読んでいく場合には、「じゅう、<u>きゅう</u>、はち、<u>なな</u>、ろく、ご、<u>よん</u>、さん、に、いち」のように、ほとんどの人は、「きゅう、なな、よん」と呼びます。不思議ですよね。これはプレッシャーがかかると、言いにくい方で言うのでしょう。皆さんも実験してみて下さい。異なる言い方する人いますか。是非知りたいです。

　ここで、「く」と「きゅう」は呉音、漢音ですが、「よん」「なな」は和数詞です。ということは漢数詞の数え方の中に、和数詞が侵入しているということです。その反対に和数詞の数え方には漢数詞は入っていません。和数詞もなかなかやりますね。

11.「し」「く」は「死」「苦」を連想

　4と9の漢数詞の読み方「し」「く」は「死」「苦」を連想するため、忌み嫌われたのが原因で、「し」の場合はわざわざ、和数詞「よん」を使い、「く」の場合は呉音「く」と漢音「きゅう」の両方を選択できるようにしたのでしょう。7の「しち」と「なな」の両用は何でしょうか。7匹を「しちひき」「ななひき」、7人を「しちにん」「ななにん」のどちらで読みますか。個人の癖でしょうか。助数詞によって、異なるのか、あるいは同じ人がその場の雰囲気で、変えるのでしょうか。ボクは無意識に両方言いますが、皆さんはどうですか。

　数詞の問題については後でもっと詳しくお話します。

12. 助数詞と漢数詞

　ここで説明しておかなくてはならないことがあります。日本語には助数詞があります。「1台、2機、3回、4本、5枚、6冊、7匹、8歳、9脚、10杯」などの数詞に付く語です。広い意味では、「円、メートル、グラム、年」などの単位を含めます。英語には、単位はありますが、狭い意味の助数詞はありません。外国人日本語学習者には負担が大きい分野です。数詞のつく助数詞の発音は、数詞、助数詞とも変化します。もっとたいへんなことが起きます。これについては、後ほどお話しします。

13. 漢数詞優位

　これらの助数詞に数詞を付けてみればわかりますが、ほとんどが、漢数詞です。助数詞も漢語です。和数詞は漢数詞に負けてしまったのです。仲良しの「ひとり、ふたり」は善戦しました。これは現代日本語が外来語（カタカナ語）に攻められている状況と同じですよね。過去にもこのようなことがあったなんて、決して忘れてはいけません。

14. 和語の助数詞

　善戦しているのは「ひとり、ふたり」だけではありません。助数詞の仲でも、和語の助数詞（つまり訓読みの助数詞）に付く数詞には和数詞が残っています。「張り、針（はり）、夜（よ）、株（かぶ）、山（やま）」など古い表現に見られます。ただしすべて和数詞がつくとは限りません。人を数える「り」と同じように、漢数詞が侵略しています。

　和数詞が滅びた理由は、漢語優勢の時代背景でしたが、もう

一つ決定的な理由があります。10以上を表す表現がやっかいなのです。

　「11：とおあまりひとつ、22：はたちあまりふたつ、55：いそじあまりいつつ、、、、、」

　これらの和数字の後に和語の助数詞が付くのですよ。表現が非効率的ですね。でも風情があります。日本人にとっては、奥ゆかしく、美しい感じがします。忙しい現代ではちょっと無理ですよね。特に「2,587,654」のような大きな数字はとても不可能です。

　「ひとり、ふたりは大の仲良し」ということは、真相を説明しても、そのままでしたね。実は本当の真相（真相の真相）があります。この話「ワン子（one）ちゃんとツー男（two）くんは大の仲良し」の最後にお話します。

15. 助数詞が2種類も必要？

　助数詞が2種類も必要でしょうか。外国人日本語学習者は困っています。日本の子ども達も困っています。子どもが数を覚え始めるとき、「いち、に、さん、し、、、」と、和数詞を教えるか、「いち、に、さん、し、、、」のような漢数詞を教えるのか、各家庭によって、異なっています。3歳児の幼稚園、保育園に入ると、子ども達の数え方が異なっていることがわかります。両方知っていれば、問題はないのですが、幼い子はどちらかですよね。漢数詞で統一すれば、和数詞しか知らない子、あるいはその反対でも、劣等感を持つでしょうね。

第3章　証拠3：(teen 仲間)

その証拠と真相3

　本章は「teen 仲間」の話題で、「(teen 仲間) ワン子 (one) チャンとツー男(two)くんは大の仲良し」の証拠3は、「『eleven、twelve、thirteen、fourteen、fifteen、sixteen、seventeen、eighteen、nineteen』のように『-teen』が付くが、『eleven、twelve』だけは仲が良いから、『-teen』が付かない。」です。つまり、英語の 11 から 19 までの数詞で 11 と 12 以外はすべて「-teen」が付きます。「eleven と twelve」はよっぽど仲が良いのです。この真相をじっくりお話します。

2.「-teen」

　「thirteen、fourteen、fifteen、sixteen、seventeen、eighteen、nineteen」はすべて「-teen」が付いていますが、そのまま「-teen」が付いているわけではありません。「thirteen」は「three＋teen」からの変化形です。「thir」は「three (thri)」から変化した語です。このような変化を「音転移」と言います。

これについては、子が親に従う時代と、子が親から独立する時代の変化の複雑な時代変化があるので、後ほど詳しくお話しします。

「fifteen」の「fif」は「five」から変化し、「eighteen」は「t」を1字削除しています。学習辞書には綴り字注意と記してあります。綴りに気をつけてください。これら以外の「fourteen、sixteen、seventeen、nineteen」はただ「-teen」が付いただけで、変化していません。

3.「teens」と「十代」

「teens 」や「teenagers」を日本語に翻訳する場合、「10代（の人々）」と訳すことが多いですが、いいでしょうか。「teens 」や「teenagers」は「-teen が付く年代（の人々）」なので、「thirteen から nineteen」までに限られます。ということは「10歳、11歳、12歳」は含みません。日本語の「10代」は 10 が付く年齢の意味なので、「10歳」から「19歳」までを示します。

その反対に日本語の「10代」を、「teens」 や「teenagers」と英訳すると、誤訳ということになります。

4. 英訳和訳の場合

ということは、「teens」や「teenagers」を日本語に翻訳する場合には、「10代（（の人々）ただし 10 歳、11 歳、12 歳を除く。）」あるいは「13歳から 19 歳の若者」になります。また、日本語の「10代」を英訳する場合にはその反対に、「people aged between ten and nineteen」などと訳さないといけません。厄介だから、「10代」を「teens 」や「teenagers、teens」や

「teenagers」を「10代」と英訳、和訳するのが現状かもしれません。

　これらの日英語の差は、他の表現にも多く存在するので、和訳、英訳の翻訳は完全に正確には不可能と言ってよいでしょう。

5.「eleven、twelve」は「one＋leave、two＋leave」

　本題に戻ります。「他の数詞はすべて『teen』が付くのに、『eleven、twelve』だけは仲が良いから、『-teen』が付かない。」の真相をお話しましょう。

　「eleven」は分解すると、「e＋leve」になります。「e」は「one」、「leaven」は「leave」の変化形で「あまり」という意味です。現代英語では「leave は（残す）」という意味があります。つまり、「eleven」は「one＋leave（1余る）」、「two＋leave（2余る）」になります。ということは「10から1つ余る」「10から2つ余る」ということを示しています。

　「1(one)」から「12 (twelve)」まで「-teen」が付かなくて、「13 (thirteen)」から表現形式が変わるのは、12進法の影響があるという説もありますが、ここでは触れないことにします。

6. 和数詞に酷似

　「eleven は、one＋leave（1余る）」「twelve は two＋leave（2余る）」となることを紹介しました。これらの表現は、和数字の「11：とおあまりひとつ」と同じ感覚ですね。「one」は「e (one)」＋「leven (leave の変化形)」、「twelve」は「twe (two)」＋「lve (leave の変化形)」に分解し、「one＋leave（1余る）」、「two＋leave（2つあまり）」になり、これは「10から1つ余る」「10から2つ余る」と言う意味で、和数詞の「11：

とおあまりひとつ」「12：とおあまりふたつ」と同じような表現になる、ことに気づいて、ボクは感動しました。ちなみに、和数詞は英語と異なり、12進法の影響はありません。

7. 日英数詞は根本的には同一精神

　日本語の数詞、「じゅういち、じゅうに、じゅうさん、じゅうし、じゅうご、じゅうろく、じゅうしち、じゅうはち、じゅうく」はそれぞれ、「じゅうといち、じゅうとに、じゅうとさん、、、、、、、、、」で、英語の「thirteen、fourteen、fifteen、sixteen、seventeen、eighteen、nineteen」はそれぞれ、「thir (three)」と「teen (ten)、four と teen、fif (five)」と「-teen」に分解できるので、日英語ともその精神は同じです。「eleven」と「twelve」だけが「one＋leave（1 余る）」、「two＋leave（2 つあまり）」のように、「teen」を使わずに表現したのが、特異な表現なのです。

8. 「twelve」の「w」は発音する

　「two」の「w」が発音しないのに、「twelve」の「w」は発音しています。「two」の「w」は本来は、「twelve」「twenty」の「w」のように発音していました。「w」の発音がなくなっても、文字は残っているのです。子が親の変化に従わなくなりました。子が親のいうことを聞かなくなったのです。子の独立の時代に起きた発音変化なのです。

　また、「thirteen 」からは語尾に「-teen」が規則的に付くのは、13以降は「10から3つ余る」にはならなくて、「-teen」が付きます。

9.「eleven」と「twelve」の2人組

　「eleven」と「twelve」の2人組は、他の「teen」グループとは完全に離れています。特別の存在ですよね。他のグループの人が割って入ることのできないくらい、ラブラブな関係です。

第4章 証拠4：(しかとされっ子)

その証拠と真相4

　第4章は、「(しかとされっ子) ワン子 (one) チャンとツー男 (two) くんは大の仲良し」の証拠4は、「英語の月名『January (1月)、February (2月)、March (3月)、April (4月)、May (5月)、Jun (6月)、July (7月)、August (8月)、September (9月)、October (10月)、November (11月)、December (12月)』のように、『January、February』だけが語尾が『-uary』が付く、仲が良い二人組」の話です。これには深い真相があります。

　さらに、「September、October、November、December」は「-ber」が付く4人組で、これにも興味深い真相があります。

2. 日本語の月名は規則的

　日本語では、「1月、2月、3月、4月、5月、6月、7月、8月、9月、10月、11月、12月」のように、数詞に規則的に月が付くだけなので、分かりやすいですね。外国人日本語学習者

が覚えるのも簡単です。一方、英語では、「January（1月）、February（2月）、March（3月）、April（4月）、May（5月）、Jun（6月）、July（7月）、August（8月）、September（9月）、October（10月）、November（11月）、December（12月）」のように、不規則的で1語ずつ別々の語です。しかも、綴りが長くやっかいです。英語学習者は苦労します。英語を相当勉強した人でも、その綴りを正確に書くことは難しいです。

なぜこんなに難しいのでしょうか。その前に皆さんにお話ししたいことがあります。

3. 日本語でも月名は難解だった

日本語でも、旧暦では、「和風月名（わふうげつめい）」と呼ばれ、英語と同じように易しい名前ではありませんでした。和語の呼び名を使用していました。旧暦の季節や行事に合わせたもので、現在の暦でも使用されることがありますが、現在の季節感とは1〜2ヶ月ほどのずれがあります。

4. 和語の月名

和語の月名の由来については諸説ありますが、代表的なものをご紹介します。古典の授業で習ったことがあると思います。
「1月」は「睦月（むつき）」でした。正月に人がが集まり、睦び（親しくする）の月から由来します。
「2月」は「如月（きさらぎ）」で、まだ寒さが残っていて、衣を重ね着する（更に着る）月の意味です。
「3月」は「弥生(やよい)」と呼ばれ、草木が生い茂る月です。
「4月」は「卯月(うづき)」で、これは卯の花の月という意味です。

「5月」は「皐月（さつき）」で、早苗（さなえ）を植える月から。

「6月」は「水無月（みなづき）」で、水の月（「無」は「の」を意味する）で、水の無い月ではありません。

「7月」は「文月（ふみづき）」で、稲の穂が実る月（穂含月：ほふみづき）のことです。

「8月」は「葉月（はづき）」で、木々の葉が落ちる月のことです。

「9月」は「長月（ながつき）」で、夜長月です。現在と時期が少しずれています。

「10月」では「神無月（かんなづき）」で、神の月（「無」は「の」を意味する）の意味と全国の神々が出雲大社に集まり、各地の神々が留守になり、神の無い月という意味の両方が考えられます。

「11月」は「霜月（しもつき）」で、霜の降る月。分かりやすいですね。

「12月」は「師走（しわす）」で、ふだんおっとりしている師匠さえ、走り回らなければならないほど忙しい月です。

5. 英語の月名の由来

この真相を知るには、英語の月名の由来を知らなければなりません。英語の月名については、多くの人が色々な本で説明、解説をしていますが、ボク流に分かりやすく解説しましょう。

今の暦はグレゴリオ暦ですが、もとはユリウス暦からきています。「ユリウス」とは「ユリウス・カエサル（ジュリアス・シーザー）」のことです。シーザーが制定した暦です。ローマ時代以前、1年は3月から始まりました。

最初の月、「March（3月）」はラテン語、「Martius（軍神マルス）mensis（月）（軍神マルスの月）」が由来です。「march」は今では「行進（する）、始まり」の意味があります。

　2番目の「April（4月）」はラテン語「Aprilis（後の、第2の）mensis（月）（2番目の月）」から来た語だと言われています。ただし、「Aprilis」は「aperire（開く）」より（花が開く季節だから）から由来するという、古くからの通説もあります。

　「May（5月）」はラテン語「Maius（女神 Maia）mensis（月）（女神 Maia の月）」から来た語です。

　「Jun（6月）」はラテン語「Juno（ローマの最高神ユーピテル（ギリシャ神ゼウス）の正妻ユノー（ギリシャ神ヘーラー））」が起源です。

　「July（7月）」はラテン語「Julius CAESAR（ユリウスシーザー）」からで、シーザーは7月生まれなのです。

　「August（8月）」はラテン語「Augustus（初代ローマ皇帝アウグストゥス）」からです。

　ちなみに7月、8月は小の月（30日までしかない月）でしたが、ローマの偉人の名前がついているので、大の月（31日）にし、その代わりに、もともと小の月の2月が2日削られ、28日になりました。

6.「September（9月）」は「7番目の月」

　「September（9月）、October（10月）、November（11月）、December（12月）」は、いちいち誰かの名前をつけることが、面倒になって、番号だけになりました。「September（9月）」はラテン語数詞「septem（7番目）」からの月名です。「September

(9月)」は3月から数えて7番目の月です。1月、2月が作られる前に付けられたので、現在では9番目に月なのに、名前が7番目の月となって、意味と表現にずれが生じました。

　同様に、「October(10月)(ラテン語数詞octo(8番目)から)」、「November(11月)(ラテン語数詞novem(9番目)から)」、「December(12月)(ラテン語数詞decem(10番目)から)」の由来です。

7. 2月の悲劇
　英語の月名のずれは、我々にはあまり関係がなく、実害はないですが、商売をしている人や時間給で働いている人はもっと大変でしょうね。

　現在は31日（大の月）が、1月、3月、5月、7月、8月、10月、12月の7ヶ月（31日×7＝217日）と30日（小の月）が4月、6月、9月、11月の4ヶ月（30日×4＝120日）と、28日の月が2月だけの1ヶ月（28日×1＝28日）になっています。

　それで、365日＝31日×5＋30日×7＝155日＋210日なので、31日の月（大の月）5ヶ月と、30日の月（小の月）7ヶ月、設定すればいいですね。2月を小の月（30日）にして、大の月2ヶ月を、小の月にすれば済むと思うのですが。

　つまり、2000年前（古代ローマ時代）の不都合な習慣を、21世紀の我々が引き継ぐことはナンセーンス。

8. 無名だった1月、2月に名前を
　1月、2月には寒く生活活動をあまりしなかったので、無名でした。余計で不要な月でした。かわいそうな、かわいそうな

月でした。それはちょうど日本の旧暦で、閏月があって、1ヶ月余分な月がありましたが、それに似ています。しかし、1月、2月もいつまでも名無しでは不便になってきて、新たに名前を付けようという風潮が出てきて、名前が付けられました。

「January (1月)」は、ラテン語最高神「yanus ヤヌス (ギリシャ語ではゼウス)」から、「February (2月)」は、他の説もありますが、ラテン語「februa (お祭り)」からの名前です。でもこれらの月は他と違う語尾「-uary」が付いています。

9.「-uary」は忌まわしい過去を残す痕跡

「January (1月)」と「February (2月)」の二人ともが、いじめられっ子として仲が良いとは少々衝撃的ですね。語尾「-uary」にいじめられていた痕跡が残っています。この真相を知っても、「ワン子 (one) ちゃんとツー男 (two) くんは大の仲良し (1月と2月)」の仲の良さは見かけと同じでした。仲良く二人がシカトされ、いじめられたのです。彼らは「-uary」を見るたびに、他の月と違うことを思い出すでしょう。

10. 月名の3つのグループ

月名には、それぞれ神とか皇帝の名前が付けられた、重要な月のグループ、「March (3月)、April (4月)、May (5月)、Jun (6月)、July (7月)、August (8月) と、September (9月)、October (10月)、November (11月)、December (12月)」のように、面倒になったので、「September (7番目の月)、October (8番目の月)、November (9番目の月)、December (10番目の月)」のように、何らかの由来の無い名前をつけられた、ちょっとかわいそうな月のグループと、「January (1月)」と

「February（2月）」のように無名だった、もっともかわいそうな月のグループの3つ（1. 神、皇帝の名がついた重要な月、2. 単に番号の付いた月、3. 後で名がついたかわいそうな月）があるのです。

11. 重要な月の中で最も上位の月

　重要な月のグループ、「March（3月）、April（4月）、May（5月）、Jun（6月）、July（7月）、August（8月）」でさらに重要視された月が、「July（7月）」と「August（8月）」です。

　すでにお話したように、「July（7月）」は ラテン語「Julius CAESAR（ユリウス　シーザー）」からで、シーザーは7月生まれなのです。

　「August（8月）」はラテン語「Augustus（初代ローマ皇帝アウグストゥス）」から付けられた特別な名前です。なので、7月、8月は小の月（30日までしかない月）でしたが、ローマの偉人の名前がついているので、いわば強引に大の月（31日）にし、その代わりに、もともと小の月の2月が2日削られ、28日になりました。それで「2月の悲劇」が起こったのです。

12. 2月が最もかわいそう

　いじめられっ子のグループ、1月と2月のうち、2月が特にかわいそうな月ということが分かりましたね。でもワン子（1月）チャンがかわいそうなツー男（2月）くんのそばにいて慰めてくれるので、ツー男（2月）くんは心強いでしょうね。ぐれずにすんだことでしょう。人間でも弱い男性には、慰められ、助けられる気丈な女性が、そばに付いているものです。

13. ツー子チャンでなくワン子チャンとした理由

　「ワン男（one）くんとツー子（two）チャン」でなく、「ワン子（one）チャンとツー男（two）くん」と設定した理由は、月名に関して、「ツー子（two）チャン」がもっともかわいそうになってしまうことです。「ワン子（one）チャン」とした理由のひとつは、「ツー子ちゃん」を悲劇の主人公にしたくなかったからです。

　さらに詳しい理由は後ほど、「第9章（女性差別）なぜ「ワン男くん、ツー子ちゃん」でなく「ワン子（one）ちゃんとツー男（two）くん」なのか？」のところでお話します。

第5章　証拠5：(h音仲間)

その証拠と真相5

　本章は、いよいよ「(h音仲間)ワン子(one)チャンとツー男(two)くんは大の仲良し」の証拠5は、「『ひー、ふー、みー、よー、いつ、むー、なな、やー、ここ、とー』のように、仲が良いから、『ひー、ふー』だけが「ハ行(h)」で始まる。」の話です。他の8語には「ハ行」で始まる語はありません。これには興味深い真相があります。

2.「ひー、ふー」以外でも仲良しさんが！

　「ひー、ふー、みー、よー、、、、、、」でも「ひとつ、ふたつ、みっつ、よっつ、、、、、、」でも同じですが、「ひー、ふー」だけが「ハ行(h音)」で、それ以外の数詞は、ばらばらですね。ところが、「ひー、ふー、みー、よー、いつ、むー、なな、やー、ここ、とー」をよく見て下さい。「みー」と「むー」だけが、「マ行(m音)」で、「よー」と「やー」だけが「ヤ行(y音)」になっています。しかも、「いつ」と「とー」だけには、

「タ行 (t 音)」が含まれます。

3. 2倍の数を示す数詞の奇妙な一致

　これらは、それぞれ2倍の数を表しています。もちろん、「ひー」の倍数が「ふー」です。本当に奇妙な一致ですよね。偶然でしょうか。偶然ではありません。文字の無かった時代から、日本語はそのようになっていました。そのように作られていたのです。文字が無かったのでその音「ハ行、マ行、ヤ行、タ行」より、「h音、m音、y音、t音」の共通性と言う方がいいかもしれません。ただし、現代の発音とは異なっていましたが。

　計算するときに便利だったかもしれませんが、他の言語の数詞にはないと言われています。「h 音」は困りますよね。「ひー、ふー」を「hi、fu」と書くと仲がよいことにはならなくなります。異なった音になってしまいます。

4. 「よー、やー」「みー、むー」「いつ、とー」は大の仲良し

　「仲が良いから、『ひー、ふー』、だけが『ハ行 (h)』で始まる」だけではなかったのです。「m 音」を持つ、「みー」と「むー」、「y 音」を持つ、「よー」と「やー」、「t 音」を持つ、「いつ」と「とー」は、お互いに大の仲良しと言うことができます。

5. 「フ」はなぜ「fu」？

　ところで、ハ行をローマ字で書くと、「ha、hi、fu、he、ho」となります。以前は「フ」を「hu」と書きましたが、今では「fu」ですね。「フ」だけは音声上はハ行でないでしょうか。本来の日本語にはありませんが、英語（外来語）の影響で、「ファ行 (fa、fi、fu、fe、fo)」があります。「フ」(fu) はこのファ

行の「ウ段」なのです。「フ」(fu)はハ行の「ウ段」とファ行の「ウ段」の両方のポジションを占めます。本当のハ行のウ段（hu）は、追い出され、消滅してしまいました。

6.「フ」は「fu」と発音するだろうか？

しかしそれには真相があります。日本語の「フ」は本当に「fu」と発音するのでしょうか。「hu」とは発音しないでしょうか。「富士山、福井、文子」の「フ」は「fu」と「hu」のどちらの発音に近いでしょうか。

来日中の英米人に、「Fujisan、Hujisan／Fukui、Hukui／Fumiko、Humiko」と書いて、発音してもらいました。というのは、少しは日本語の習慣を知っている外国人の方がこのテストには都合がよいからです。日本語をまったく知らない人は、「fu、hu」の「u」は「ウ」と発音しなくて、「フュー」「ヒュー」と発音してしまいます。英語表記と日本語ローマ字表記が少し異なるからです。

「make、to be、date」は英語式では「メイク、トゥビー、デイト」ですが、日本式（ローマ字式）では、「負け、飛べ、伊達」です。「human」は英語では「ヒューマン」、日本式では「フマン（不満）」です。なるほど、人間て不満を持つ生き物なのですね。あるいは、不満足な生物なのでしょうか。

7. 実際「フ」は「hu」と発音する

「Fujisan」より「Hujisan」、「Fukui」より「Hukui」、「Fumiko」より「Humiko」の表記の方が日本語にずっと近いですね。「fu」の音は口を横に延ばし、下唇を上前歯ではじく摩擦音で、日本語にはない音です。英語にはf音もh音もあり、日本語にはh

音はありますが、f音はないので、日本人は発音できません。英米人は「Fujisan」と「Hujisan」、「Fukui」と「Hukui」、「Fumiko」と「Humiko」の両方発音できます。英米人の知り合いがいたら、F付きとH付きの語を発音してもらって下さい。日本人の英語の先生でもいいですよ。

　日本人はf音はないので、当然h音の方です。両方の発音を良く聞いて、比べてください。日本語は当然h音ですよね。

8. 日本人はf音を発音できない

　日本人英語学習者は、f音を練習する必要があります。日本語の「フ」より鋭い音です。英語「hu」は自然な日本語音の「フ」に近い音です。ハ行をわざわざ、「ha、hi、fu、he、ho」のように、ウ段（フ）だけ例外的にf音表記する必要はないのです。f音表記にすれば、日本人は発音できませんよ。

　「food（食べ物）」はf音の「フード」、「hood（覆い）」はh音の「フード」です。「hood」のh音は日本語の「フ」で、「food」のf音は練習しなければ日本人には出せない音です。

9. ハ行は息を出す音

　ハ行の「ha、hi、hu、he、ho」は、ア行の「a、i、u、e、o」に「h」が付く音です。「ha」と「a」、「hi」と「i」、「hu」と「u」、「he」と「e」、「ho」と「o」は口の形、下の位置などがほぼ同じで、息を出すとh音になります。口の前にティッシュなどを置いて、息でティッシュを動かせてア行を発音すれば、ハ行になります。h音は息を出す音つまり気音と呼ばれます。

10. フランス語はh音がない

　フランス語にはh音がありません。したがって、フランス人はh音を出すことができません。「hotel、Hermes(ブランド名)」を「オテル、エルメス」と発音します。ちなみに、「honest (正直な)」は英語でもh音を発音しませんが、フランス語の影響です。英語にも日本語にもh音があります。フランス人英語、日本語学習者は、h音を練習する必要があります。母音を発音し、息を出して練習します。ちなみに、フランス語にはf音はあるので、フランス人はf音を発音することができます。ということは、「Fujisan」は発音できますが、「Hujisan」は発音できません。フランス語のf音は英語のf音と少し異なりますが、似ています。

11. マイフェアーレディ

　ミュージカル映画 My Fair Lady (1964年アメリカ、バーナード・ショー原作)は貧しい花売り娘のイライザ(オードリー・ペップバーン)を淑女に変えようとする物語です。当時のロンドンには貧しい人が話すh音のない、階級方言があり、音声学者のヒギンズ教授が、イライザにh音を教える場面があります。息を吹きかけると、炎が出て、自分で口の形を確認できる鏡が、回っている装置に向かって、イライザが一生懸命に、息を吹きかけ、h音の練習をしています。

　そして、ついに「In Hertfort, Hereford, and Hampshire, hurricanes hardly happen.」(ハートフォード、ヘレフォードそしてハンプシャーでは、ハリケーンはめったに起こらない。)を正確に発音できるようになります。

12.「hu」と表記すると「ヒュー」という発音になる

　「fu」を「hu」と表記すべきことを、ある英語関係の学会でこのことを発表したとき、「フ」を「hu」と表記すると「human」のように「ヒュー」という発音になってしまいませんか。という質問がありました。ボクは「英語では「フ」を「fu」と表記すると、「hu」と表記する場合と同じように「fu」は「フュー」になります。英語では「fu」の綴りで、「フ」の発音はありませんよ。」と答えました。英語式では「Fujisan」と書いても「Hujisan」と書いても、「フュージサン」「ヒュージサン」と発音して、「フジサン」とは読めませんが、日本にいる英米人で、日本式アルファベット表記規則を知っている人なら、「フジサン」と読むことができるのです。

　すでに述べたように、「make、to be、date」などはローマ字で書いてあっても、つい英語式に読んでしまいますよね。

13.「フ」を「hu」から「fu」に変えた理由

　すでにお話したように、「food」はf音、「hood」はh音で、「富士山」の「フ」はh音です。ハ行をローマ字で書くと、なぜ「ha、hi、fu、he、ho」と間違って書くようになったのでしょう。以前の訓令式ローマ字では、「hu」と書いていました。

　これは戦後、英語の影響が大きくなったからだと思われます。英語からの外来語が増加し、英語教育の普及もあり、「ha、hi、hu、he、ho と fa、fi、fu、fe、ho」の発音の区別ができるようになりました。ただし、日本語のf音は英語とは異なります。

　以前「ファイヤー」を「ハイヤー」、「フォーム」を「ホーム、フエラーリ」を「ヘラーリ」、「フェンス」を「ヘンス」と発音していました。「ファ、フィ、フ、フェ、フォ」の表記が定着

し、ファ行が出現しました。でもまだ、拗音「キャ、キュ、キョ」のような正式な表記、音とは異なり、完全に認められているわけではありません。外来語（カタカナ）に限られています。「ヴァイオリン」の「ヴァ」も同じですね。

14.「fu」と「hu」の大戦争

ハ行の、「ハ、ヒ、フ、ヘ、ホ」とファ行の「ファ、フィ、フ、フェ、フォ」の両方に「フ」が存在するようになりました。「フ」のダブルブッキング状態です。ところがそのローマ字表記は、ハ行なら「hu」、ファ行なら「fu」と区別できます。（ただし英語音は異なりますが、日本語音は同じです。）

それで、「hu」と「fu」の間に大戦争が起きました。ファ行は主に外来語（カタカナ語）表記専門なので、新鮮に感じられます。その結果は「fu」がその争いの勝者になりました。「fu」が「hu」を追い出してしまったのです。「hu」は敗北し消滅してしまいました。

カタカナ語の新鮮さは、間違い表記が正しい表記に勝つほど強力でした。このことは、「ウィメン」という新表記にも関係しますが、後ほどお話します。

15. ファ行とハ行の違い

ハ行の発音は、「ア、イ、ウ、エ、オ」とまったく同じ口形で息を出す音で、唇は動きません。ファ行は上下唇が動いてくっつきます。ただし、英語のf音は、ファ行音と異なり、下唇が上前歯に触れる音なのです。ファ行音はバ行、パ行と同じような唇の動きをします。

16. ハ行は昔パ行、ファ行に近い音

　実はハ行は、大昔、戦国時代以前（平安時代）には、パ行に近い音でした。つまり「ハハ（母）」は昔、上下唇が2回くっつく音で、現代の「パパ」とよく似た発音していたのです。その後、2回くっつかないで動くだけの音、つまりファ行に近い音に変化し、現在のハ行のように、唇が動かない音になったのです。

　バ行はハ行の濁音（有声音、濁る音）と言われていますが、「ハー」を濁って発音してみてください。「バー」にはなりませんよね。「カー、サー、ター」などはそのままの口形と動きで、「ガー、ザー、ダー」になります。ハ行とバ行は口の動きが違います。ということは、ハ行の特異性はその歴史に関係していると思われます。

17. パ行はハ行の半濁音ではない

　パ行も同様で、ハ行の半濁音とされていますが、親戚の音ではありません。

　「ヴァ、ヴィ、ヴ、ヴェ、ヴォ」も事情はよく似ています。「ウ」を濁らせても、「ヴ」にはなりませんよ。

　このハ行、バ行、パ行の歴史上の特異性が、現代日本語のハ行助数詞に現れています。「本」という助数詞は、次のように、前の数詞（下線部）と助数詞（ポン、ホン、ボン）の両方の発音が変化します。

　「<u>イッ</u>ポン、ニホン、サンボン、ヨンホン、ゴホン、<u>ロッ</u>ポン、ナナホン、<u>ハッ</u>ポン、キュウホン、<u>ジッ</u>ポン」

18. ハ行の特異性

その他のハ行助数詞（匹、泊、発、班、品、分、編、辺、など）も同様に変化します。ただし、「泊」が「ハク、パク」と変化しますが、「バク」にはならないように、2 変化助数詞と「ヒキ、ビキ、ピキ」のような「匹」の 3 変化助数詞があります。1. ハ行助数詞の特異性と、2. ハ行のみが半濁音を持つこと、さらに、3. バ行、パ行が厳密には、濁音、半濁音になっていない、このような特殊性は、ハ行の独特な歴史から来たものと考えることができます。助数詞については後ほど詳しく説明します。

19. ローマ字表記「fa、fi、fu、fe、fo」は不要

ちょっとまとめてみます。ハ行の「ハ、ヒ、フ、ヘ、ホ」とファ行の「ファ、フィ、フ、フェ、フォ」の両方に「フ」が存在することは、仕方ないことです。訂正は無理です。しかし、ハ行のローマ字表記、「ha、hi、hu、he、ho」のように「fu」を「hu」に変える。そして、ファ行ローマ字「fa、fi、fu、fe、ho」は不要になります。

というのは、ファ行のローマ字書記について、たとえば「ファイヤー、ホテル」などの外来語（カタカナ語）は「faiya、hoteru」と書くことはなく、「fire、hotel」と英語で書くからです。さらに、日本人は本当の f 音は発音できないので、いらないのです。

「ホーム」の「ホ」は唇の動かない音、「フォーム」の「フォ」は唇が動く音、「form」の「f」は上唇が上歯にくっつく音です。英語「form」を「フォーム」と発音するのは厳密には間違いです。

20.「セントレア」のローマ字表記

　カタカナ語に関して、たいへん面白い例を紹介しましょう。中部国際空港が作られた当時の話です。「セントレア」という名前が付けられました。その表記について、ちょっとした問題が起こりました。その空港に向かうために、道路や橋が作られ、そのローマ字道路標識に「Sentorea」という表記が使われました。

　しかし、空港会社は訂正を要求しました。別のローマ字（英語表記）を考えていたからです。それは、「Centrair」です。もともと、「セントレア」という名称は、「Central Airport（中部空港）」からの造語だったからです。でも道路関係の会社にとっては、「セントレア」は外来語ではなく、日本語なので、ローマ字表記は「Sentorea」で間違いはありませんよね。語源が外来語なら、原語綴りになるのでしょうか。

21. 通り名、鉄道名

　広小路通りのローマ字表記は、「通り」をすべてが固有名詞と解釈すれば「Hirokoji Dori」、「通り」が普通名詞なら「Hirokoji Street」になります。両方使われているようです。鉄道名も同じように、たとえば名鉄瀬戸線は、「Setosen」と「Seto Line」の両方使われます。新幹線は「Sinkansen」です。

　橋名も同じようです。「大和橋」のローマ字表記は「Yamatobashi」と「Yamato Bridge」ですが、バス停などの名前になれば、「Yamatobashi」です。「大和橋」が既になくなっており、地名だけに残っている場合は「Yamatobashi」でしょうね。

22.「椙山女学園大学」のローマ字（英語）表記

　「椙山女学園大学」のローマ字（英語）表記は、「Sugiyama Jogakuen University」です。「Sugiyama Women's University」でも、「Sugiyama Jogauen Daigaku」でもありません。ちなみに、「名古屋女子大学」は、「Nagoya Women's University」です。さらに、「名古屋工業大学」は「Nagoya Institute of Technology」で、「名古屋外国語大学」は「Nagoya University of Foreign Studies」です。これらの大学名はローマ字表記と言うより、英語翻訳表記と言う方がよいかもしれません。可能なかぎり翻訳するというのが原則のようです。

23. ローマ字（英語）表記問題

　「日本」が付いた名前の英語表記には、1.「日本大学 Nihon U.」、「日本福祉大学 Nihon Fukushi U.」、2.「日本医科大学 Nippon Dental U.」、「日本体育大学 Nippon Sport Science U.」、3.「日本女子大学 Japan Women's U.」、「日本経済大学 Japan U. of Economics」のように、3種あります。さらに「日本赤十字社 Japanese Red Society」を加えると4種です。ただし、「Japanese Red Society」の表記は普通、間違いだと思いますが、何か特別な理由があるでしょうね。というのは、普通、「日本」の付いた組織名(固有名詞)は、「Japan」です。たまに「Nihon (Nippon)」を見かけることがありますが、「Japanese」は見たことがありません。

　「女子大」の付く名前の場合は、1.「名古屋女子大学 Nagoya Women's U.」、2.「東京女子大学 Tokyo Woman's U.」、3.「白百合女子大学 Shirayuri College」、4.「清泉女子大学 Seisen U.」の4種あります。3.と4.は「女子」の表記がなくなって

います。

24.「シ」だけなぜ「h」が付くの？

ハ行に似た現象があります。それはサ行です。ローマ字で書く場合、「サ、シ、ス、セ、ソ」を「sa、shi、su、se、so」と書きますよね。ローマ字を習い始めの子供さんが「『シ』だけなぜ『h』が付くの。」と聞かれたら、なんと答えますか。「決まっているから、覚えなさい。」とか言ってごまかしますか。

ハ行と同じような説明ですが、「シ」だけは音声上はサ行でないのです。本来の日本語にはありませんでしたが、近代日本語の頃、中国語からシャ行（「シャ、シ、シュ、シェ、ショ」）が入ってきました。ローマ字では、「sha、shi、shu、she、sho」です。「シ」(shi) はこのシャ行の「イ段」なのです。

25. サ行「シ」(si) とシャ行「シ」(shi) の戦争

サ行のイ段の「シ (si)」とシャ行のイ段「シ (shi)」のよく似た音が両方存在していました。そのうち、サ行「シ (si)」とシャ行「シ (shi)」の戦争が起こりました。シャ行「イ段」「シ (shi)」がサ行「イ段」「シ (si)」より優勢になり、ついには「si」が消滅し、「shi」はサ行の「イ段」とシャ行の「イ段」の両方のポジションを占めるようになりました。本来のサ行のイ段「si」は敗北し、追い出され、ついには消滅してしまいました。

26. 日本人は si 音ができない

日本語には si 音がなくなったということは、日本人は si 音ができなくなったということです。しかし英語には両方あり

ます。日本人英語学習者は、si 音ができないので、si 音と shi 音が区別できません。言い換えれば、si 音を shi 音にして発音してしまうのです。「she」と「see (sea、C)」の発音は違いますが、区別できますか。日本人は同じ音になってしまいます。「she (shi 音)」は日本語の「シ」とほぼ同じ音です。「see (sea、C)」は日本語にはない si 音です。

27. si 音の練習の仕方

　日本人にとって、si 音は練習しなければ発音できません。舌の間の空気の通り方が違います。ネイティブの発音を聞いて、普通は空気の通り方を練習しますが、難しいので、ボクが学生に教えるとき、口の形で指導します。shi 音は口を前に突き出して、「しずかに、シー。」あるいは幼児におしっこさせるときの、「シー、シー。」と言うつもりで発音します。shi 音は日本人は練習しなくてもできますが、shi 音をはっきりさせ、確認するために、口形を固定させます。shi 音は普通はこのような口型で発音するのですが、最近の若者の中には、口型が異なり、口を突き出さないで、横に延ばして発音する者もいるので、si 音を練習するために、si 音とはっきり区別するため、shi 音の口型を突き出す形に直します。

28. 口を突き出して「she」、横に延ばして「sea」

　その上で、口を突き出す口形から、口を横に延ばして（「ニー」と笑うような）口形に変化させて「シー」と発音すると、なんと、si 音の「see (sea、C)」になります。ただし、英語の元音 (si 音) を聞きながら、練習してください。「口を突き出してシー (she)、口を横に延ばして、(C)」です。試してみ

てください。

　これで、「ABC」や「CBC（在名放送局）」、「ECC（英会話学校）」、の「C（si音）」が正確にかっこ良く発音できますよ。「shic（シックな）」、「sick（病気）」／「sheet（シーツ）」、「seat（席）」／「ship（船）」、「sip（一口）」／「shit（下痢）」、「sit（座る）」／「sheep（羊）」、「seep（滲み出）」の発音の違いを試してください。

29.「ハイ、チーズ」について

　shi音に関しては面白い話があります。写真を写すとき、シャッターを押す人が「ハイ、チーズ」と言います。その際写される人は「チーズ」と言いません。つまり、「ハイ、チーズ」の意味は「準備いいですか。写しますよ」です。

　ちなみに、外国人の場合は写される方が「チーズ」と言い、その意味は「準備ができたので、シャッター押して」になり、日本人と反対です。日本では、写真を写すほうが主役で、写される人は、写す人のタイミングに合わせるのですが、外国では写される人のタイミングでシャッターを押すんですネ。

30. この「チーズ」って何？

　ではこの「チーズ」はどこからきたんでしょう。「チーズ」はもちろん食べ物のチーズです。それで「ハイ、チーズ」は英語の「Say cheese.」（「チーズ」と言って下さい）の日本語訳なのです。カメラが発明された当時、カメラもフィルムもあまり普及していなくて、たいへん貴重でした。写真を写すとき緊張します。写される方はもっと緊張します。

　現代はデジカメの時代で、その場で再生でき、消すことがで

きるので、緊張せず何枚でも写すことができます。若者の写真写りのよいのはこの影響でしょうね。

31.「チーズ」の「イー」で笑顔に

　良い表情の写真は、若者は慣れていますが、我々は今でも慣れていないので、なかなか写せないですよね。当時はもっと慣れていなかったのです。

　良い表情を出すにはどうすれば良いか。欧米人はチーズが大好きです。それにもっと重要なことは、「チーズ」の「イー」という発音です。「イー」と発音すれば、口が横に引かれ、笑顔になります。大好きな「チーズ」を思い出し、「チーズ」と言えば、精神的にも、表情的にも最高の笑顔で写真がとれるというわけです。

32.「Say cheese.」と「Say, cheese.」

　英米人の場合、シャッターを押す人が「Say cheese.」(cheeseと言って。)(この場合、「say」は動詞で命令文)と言い、写される人が「Cheese.」と言ったら、シャッターを押す場合もあるし、「Say, cheese.」(ハイ、チーズ。)(この場合、say は動詞ではなくて間投詞で「ハイ」という意味。)

　シャッターを押す人が「Say.」(ハイ。)とだけ言い、写される人が「Cheese.」と言ったら写す場合もあります。しかし最近では、写す人は何も言わなくても、カメラを向けると、写される人が勝手に「Cheese.」と言って、「さあ写して」の意味で言う場合が増えてきました。

33. 日本人は写される人は言わない

　日本では写真を写すとき、シャッターを押す人が口に出すコトバには、「いちたすいちはー」とか、「ハイポーズ」とか「写すよー」「笑ってー」「いい顔」などがありますが、やはりもっとも多いのは「ハイ、チーズ」でした。この合図のコトバは、50年頃前より、一時期衰退していましたが、若者の間でまた復活したようです。その様子を観察したら、上記のように、写す人が「ハイ、チーズ」と言うと、写される人は写される準備をするだけで、実際「チーズ」とは言いません。本当は「チーズ」と言うことが大事なのに。

34. シャッターを押すタイミング

　人が「ハイ、チーズ」と言いますが、写される人は黙ったままです。それでこのコトバは「写すよ」という意味になってしまいました。「チーズ」と言うと、口が横に開いて、笑顔になるから、写真を写すときの表情をつくるのに便利です。でも写す人が言っても、写される人が言わなければ何にもなりません。ちなみにボクは今でもちゃんと言っています。

35. 若い人は言わない

　若い人は言わないようです。若い人は、プリクラとか、スマホの自撮りなどで、写真に写し慣れていて、「チーズ」なんて言わなくても、十分よい表情が出せるのです。それに写す人が年配者で、写される人が若者の場合に上記の状況が多いです。

　今ではもとの意味がなくなって、完全に形骸化してしまったのです。今でも若者は原義を知らずに写すとき「ハイ、チーズ」と言っています。そう言えば、猫に「ハイチーズ」と言ってカ

メラを向けているCMがありましたね。前回お話ししたように、若者の間で復活しています。

　しかし、「写真を写す時、なぜ『ハイ、チーズ』と言うんですか」という質問に対して、ほとんどの若者は答えられません。我々の年代なら当然知っています。

36. 微妙なタイミング

　シャッターを押す時にはタイミングが必要です。「写すよ」と言って押しても、微妙にタイミングがあっていません。というのは、「写すよ」の後の間（マ）が人によって違うからです。だから「ハイ、チーズ」というのは意外に便利です。本来の精神に戻って、写す人が「ハイ」と言い、写される人が「チーズ」と言って、笑顔になったら、シャッターを押せば、うまく撮れます。

37.「ハイ、チーズ」の欠点

　ただ、このコトバには大きな欠点が3つあります。まず第1には、「チー」の所でシャッターを押せばよいのですが、集合写真の場合は、「チーズ」のタイミングが人によって異なります。「ズ」の所で押すと失敗写真になります。日本語の「チーズ」の「ズ」（zu）は母音「ウ」が付いているので、語尾が「ウ」の口となって、笑顔にならないからです。「ズ」がなければいいです。英語「cheese」は語尾に母音uが付いていないので、横長の口をキープできます。

　第2は、「ハイ」に続くコトバは多いので、前もって決めておかねばなりません。その点「いちたすいちは」はわかりやすいです。「にー」しかありませんから。でもこれは、少しは面

白いかもしれませんが、心から笑顔になるようなセリフではありません。

　３つ目は、日本人はチーズが嫌いではないですが、欧米人に（欧米人のチース好きはすごいですよ。）比べて、それほどではありません。心から笑顔になれない人が少なくないと思います。

38. 良い笑顔を作るコトバの条件1
　シャッターを押すタイミングをとるためには、効果的な合図が必要です。「ハイ、チーズ」は色々欠点が多いですね。代わるものを考えてみましょう。

　まず、発音の問題ですが、「イー」(i) の音が基本です。日本語では「イ段」の音「イー」「キー」「チー」「ニー」「ヒー」「ミー」「リー」の音が語尾にくるコトバがよい表情をつくります。「イ段」の音の濁音（「ギー」など）半濁音（「ピー」など）もいいです。すでにお話ししたように、チーズはその点では不都合です。というのは、「ズ」があるからです。「ズ」の所でシャッターを押すと笑顔にならないからです。

39.「シー」は笑顔にならない
　それと、イ段でも「シー」(shi 音) だけはよくありません。既にお話ししたように、「静かにしなさい」という意味で、口に指をあてて「シー」と言うと、口が前に突き出てしまって、笑顔になりません。授業中に学生に「シー」と言ってもらって、口の形を調査しました。「シー」を発音するとき、口を前に突き出さない学生が 20%ほどいました。その学生にとっては、「シー」(shi 音) でも笑顔が可能です。皆さんはどうですか。

「シー」(shi 音) と言ってみてください。

40. 口を横に延ばして「シー」と言う人

　口を前に突き出さないで、「シー」(shi 音) を言う人は、英語の si 音の習得が難しいです。すでに説明したように、「シー」(shi 音) を言うとき口を前に突き出して、発音するようにします。あまり練習する必要はありません。そして、口を横に延ばして、「シー」と言ってみてください。si 音が発音できます。英語の si 音を聞きながらすること。どうです？　「she と see (sea、C)」ができるようになりましたね。

41. 良い笑顔の条件 2

　次の条件として、頭を言えば次のコトバがすぐ浮かぶものがよいですネ。「ハイ、チーズ」はこの点からはよくありません。というのは、「ハイ」に続くコトバは、あまり多すぎて、すぐには頭に浮かびません。「いちたすいちは」「ニー」は合格ですが面白みがありません。もっと楽しいものを考えましょう。

　それでボクは考えました。写す人が「ハッ」と言って、写される人が「ピー」と言うのです。その時写す人は皆が「ピー」と言って、よい表情になったことを確認して、シャッターを押すのです。似たようなものですが、「ラッ」「キー」はどうでしょう。あるいは、「ミッ」「キー」(マウス) などもあります。

　さらに、「イッ」「キー」、「カライモノヲ食ベルト」「ヒー」、「エライノハ」「ミー (わたし)」、「ワルイノハ」「ミー (わたし)」、「イチノツギハ」「ニー」、「ヒーフー」「ミー」などが考えられます。ただし、前もって合図の打ち合わせが必要ですね。ひとつだけ普及すれば、打ち合わせしなくてもできるのですが。

42.「ダーイ」「スキー」

でもボクのいち押しは、写す人が「皆さんケーキ好き?」と問い掛けてから「ダーイ」と言います。そして写される人が「スキー」というのはどうでしょう。「ケーキ」以外にも色々あります。「ラーメン」「お金」「プリン」「旅行」などです。ものによっては皆が心の底から、「スキー」と叫ぶことができると思います。最高の写真ができるでしょう。さらに、皮肉的に、「勉強」「宿題」「貧乏」など嫌いなものを問い掛けても面白いですヨ。「キライー」と大笑いになります。

43.「シ」は「shi」が正しい

さて、すでにお話ししたように、サ行のローマ字表記はハ行とは異なって、サ行の統一を乱してまでも「h」を付ける価値があります。その際せっかくサ行の統一を乱し、犠牲を犯したのですから、その意義を英語初心者にも伝える義務があります。これからは、静岡をローマ字表記の場合、なぜ「Sizuoka」でなく「Shizuoka」と書くのかを、口の形と音で説明しましょう。

44. 訓令式ローマ字とヘボン式ローマ字の戦争

訓令式ローマ字は、サ行を「sa、si、su、se、so」、タ行を「ta、ti、tu、te、to」と表記します。ヘボン式では、サ行は、「sa、shi、su、se、so」で、タ行は、「ta、chi、tsu、te、to」と書きます。

訓令式ローマ字は表記法が統一されていますが、実際の音に対応していません。ヘボン式は、表記法に乱れがありますが、音(英語音)に忠実です。それゆえ、ヘボン式は英語式と呼ば

れています。以前日本は訓令式が使われていましたが、英語教育の普及と言う味方をつけて、ヘボン式が圧勝です。しかし、訓令式は長年活躍した実績によって、まだ生き残っています。

45.「カトウ　チカラ」のローマ字表記

　ボクの名前、「カトウ　チカラ」は小学校のローマ字の授業では、「Katou Tikara」、イニシャルは「K.T」と習いました。中学高校時代の英語の授業では、ひっくり返して、「Tikara Katou（イニシャルはT.K）」でした。大学になると、「Chikara Kato（C.K）」になりました。さらに、10年ほど前（正確には平成14（2002）年の4月）から、「Kato Chikara（K.C）」になりました。

　この最後の書き方は、文科省検定中学、高校の教科書で、平静2年から変わりましたが、まだ世間的には普及していません。教師用マニュアルには、10年経った今でも、姓＋名の順序が普通だが、名＋姓の順でもよいと説明しています。スポーツ国際大会での日本人選手名は、英語では名＋姓の順で紹介されますよね。英字新聞も同様です。

46.姓名をひっくり返してはいけない

　ボクは30年以上も前から、ひっくり返すのに反対でした。その理由は簡単なことです。姓名を表記する原則はふたつ考えられます。まず第1は、それぞれの言語習慣に合わせることです。この原則を採用すると、英語では姓名を逆にするので、「My name is Chikara Kato.」と言い、日本語では姓が先なので、「私はジャクソン（姓）マイケル（名）です。」と言わなければなりません。

47. 姓名をひっくり返すことは耐えられない

　外国人にとって、いくら日本語だからといって、自分の姓名をひっくり返すなんて耐えられないことです。日本人だけが耐えられるなんて、おかしいですネ。それで、この原則は世界で採用されることができません。第2の原則は、姓名はどんな言語で表しても、変えないということです。

　この原則でいくと、「マイケル　ジャクソン」はどんな言語で言っても、「マイケル　ジャクソン」です。たいていの外国人はこの第2の原則を採用しています。日本人は英語で「My name is Chikara Kato.」と言う時には、「それぞれの言語に合わせる」という、第一の原則をとり、日本語で「あの人はカークダグラスのフアンだよ」と言う時には、「人名はどの言語で言っても変えない」という第2の原則を採用しているのです。

48. 日本だけが姓＋名をひっくり返している

　中国、韓国などアジアの国は、姓＋名の順序で表す国が多いですが、英語をはじめどんな外国語に直しても、順を変えていません。もう一度言いますが、姓名順を変えているのは、日本（人）だけですよ。しかも、他の外国人に強いられて言い始めたのではなく、日本人自らが、その順序を採用しているのです。

　明治の文明開化時代がその起源と考えられますが、欧米に対する過剰翻訳でしょうね。他の国の姓＋名表示事情を知らなかったのでしょう。100年以上経って、気付くなんて遅すぎます。

49. 日本人姓名表記の変更

　平成14（2002）年の4月から、日本人姓名表記に関して、画期的な変更がなされました。従来、日本人の姓名を英語で表

現する場合、姓と名をひっくり返していましたが、そのままで表すようになりました。「My name is（I am） Chikara Kato.」と言っていたのが、「My name is（I am） Kato Chikara.」のようになったのです。

　文科省検定の中学英語教科書は、現在6種類ありますが、ほとんどすべての教科書で、ひっくり返さない英語を採用するようになりました。ちなみに、1種類の教科書では、それ以前（平成14（2002）年）から、すでに実行されています。100年以上もひっくり返していたのが、変更されるわけですから、相当な混乱が予想されます。日本人のイニシャルも変わるんですから。

50. 変更期の中学生はたいへん

　この4月に中学に入学して、英語を習い始める中学生は、ほとんど全員が姓名をひっくり返さない英語を覚えるのです。教科書によっては、姓名をひっくり返して言う人もいますという注意書きをつけることもありますが、ひっくり返さないのが当然のこととして、扱っている教科書もあります。

　もっとも先生たちが丁寧に説明をするはずですが、相当な混乱が予想されます。大人を含めて、今年の中学1年生以外の日本人はほぼ全員（小学生以下は除外）が、姓名をひっくり返す英語を習っています。

51. 英語の先生もたいへん

　英語の先生方は、名＋姓で英語を習っており、慣れているので、文科省の変更指示にカチンときているでしょう。でも先生達は教師用マニュアルでこの知っていますが、おかあさんたちや、家庭教師の学生はとまどうかもしれません。さらに、英検

などの各種英語テストの試験員は反対の人が多いでしょう。

　中高生だけがこのような英語を使うのですから、本人たちのとまどいもありましょうが、回りの人たちはもっと困ります。しばらくは両方とも正しいことにして、徐々にひっくり返さない言い方の方に統一していくのが普通のやり方です。日本は100年以上前に、自分の姓名をひっくり返すという、間違った英語表現を採用してしまいました。

52. 外国人もたいへん

　外国人にとって、ほとんどの国では、姓名をもひっくり返さない英語表現を採用しているので、日本人のようにひっくり返す習慣があり、しかも変更があると、困ってしまいます。どちらが姓で、どちらが名なのかわからないことがあるのです。

　学術論文などでは、相当前からひっくり返す時には「Chikara KATO」のように、姓を大文字で書き、ひっくり返さない時には「KATO, Chikara」のように、コンマを付けてさらに姓を大文字にして、姓名がよくわかるようにしています。

53. 日本人自身が言い始めた

　既に述べたように、この姓名の表現方式は、英米人が主張したのではなく、日本人自ら作り上げた悪しき習慣なのです。だから今年からこの表現方式が変わることになって、ボクは心からしあわせを感じています。世界中にすでに通用している（日本だけ通用してなかった）第2の原則が本格的に、日本で実行されるようになったのです。その原則をもう一度書いておきましょう。「姓名はどんな言語で表しても、不変である」

54. 漢字名の外国人の呼び方

さて、この原則を徹底するには、もう1点注意することがあります。それは同じ漢字名を持っている、中国や韓国の人たちの呼び名についてです。われわれはどうしても、漢字名を日本語発音で読んでしまいますが、中国発音、韓国発音は同じ漢字であっても、日本式発音とは異なっています。韓国の金大中大統領は「キンダイチュウ」ではなく「キムデジュン」と呼ばなくてはなりません。マスコミではすでにそのように記載しています。ただ在日中国系、韓国系の人たちや留学生の人たちについても同様です。

「張秀文」という人は「チョウシュウブン」ではなく原音で呼ぶのが礼儀です。ちなみにボクの大学にいた台湾からの留学生に、原音で呼んだら、たいへん喜ばれました。ほとんどの日本人は日本語発音で呼んでいて、原音で呼ばれることは、すっかりあきらめていたそうです。

55. 漢字国における日本人名の呼び方

自分の名前を、日本式に変えて呼ばれるなんて、耐えられないことです。日本人は自分の姓名を変えられて、呼ばれることになぜ抵抗がないのでしょう。

ただし、日本人名を漢字で書くと、中国などの漢字国では、例えば、「加藤主税」は、「カトウチカラ」と呼んでくれません。漢字の中国発音で呼ばれます。しっかり、発音を言って、しかもローマ字で書く必要があります。と言うのは、中国は仮名のような表音文字を持っていないからです。

56. 英会話教室で日本人に英語名を付けるなんて

　日本人受講生に「Tom」「Nancy」「Bill」など英名をつけて、英米人教師あるいは、日本人教師でさえも、英会話を教えている人がいます。自分の名前を捨ててまでも英語を学びたいのですか。日本語教室で、外国人に「山田」「佐藤」「小林」「真弓」「一朗」「尚子」などと名前（苗字）を付けて授業を行うことはできません。反発があまりにも大きいからです。このことも日本人が自分の名前を大切にしないことを表しています。ただし、自分の名前は大好きだけど、英語という絶対権力の前では、ひれ伏すという意味でしょうかね。

57. 姓名表記はしばらく混在

　姓名をひっくり返さないでそのまま、英語で表現するように英語教育が変えられると、日本人の中には、ひっくり返す人も当然多いので、しばらくは混在することになります。そのうちには、ひっくり返さない人が多数を占めるようになるでしょう。日本人のイニシャルも従来と反対になります。

　すでに、ワイドショーなどで、芸能人をイニシャルでさす場合、ひっくり返さないで使っていることもあるようです。オリンピックや国際競技で、日本人選手を英語で紹介するとき、今ではひっくり返していますが、いつから変更されるのか興味があります。当然英字新聞などの日本人名の扱いも、なるべく早く変更されるべきです。

　新しい英語教育を受けた、子供たちが困ってしまうし、学校英語教育に対して、「学校で習ったことと違う。」「学校の英語教育は役に立たない」という、不信感を持つことがないように願っています。

58. 日本名をわざわざひっくり返す

「イッセーミヤケ」「ハナエモリ」「ケンゾウタカダ」などのような、日本人名をそのまま付けたブランド名も変えなくてはいけません。以前からボクは、自分の名前をブランド名する場合、「なにも本人が自らすすんで、ひっくり返さなくても」といぶかっていました。ひっくり返すとなんか上等に、あるいは国際的に思われるような風潮はイヤですね。

CDジャケットはアルバム名や曲名が、英語で書いてあるものが多いですが、その歌手名もひっくり返っています。さっそく直さなければならないでしょう。

59. 変更過渡期の注意点

さて、英米人と話すときは困ります。どちらが姓でどちらが名なのかがわかりません。子供たちに、「My name is Kato Ken.」を教える時には、すぐに「family name (姓)」「given name (名)」を教えた方がよいでしょう。そして「Kato is my family name and Ken is my given name.」という文を教えなければなりません。

ちなみに「名」は「first name」とも言いますが、後にくるのに、「first」はおかしいです。子供にとっては少し負担が増えますが、過渡期なのでやむを得ないことです。それよりも外国人に誤解されるか、質問されて、答えることができないより、よいことだと思います。

60. 姓＋名ローマ字表記はまだ普及していない

10年ほど前に子供達が習った英語がいまだに普及していないことは、おかしいですね。しかしテレビのワイドショーで、

芸能人をイニシャルで話題にする時は、姓＋名の順で言っているようです。

「K.T」から、「T.K」、「C.K」、「K.C」に変化していったのです。成長するたびに（時間が経つほどに）、呼び方（書き方）が変わるなんて、出世魚みたいですね。でもこの場合は出世魚とは事情がまったく異なります。ボクのように長く人生をやっているから、色々な表記法を経験したのです。若い人なら、あまり変わっていないですね。時代によってロー文字、アルファベット、英語表記法が変化したのです。出世したわけではありません。

61.「姓＋名ローマ字表記」は夢の話かも？

「姓＋名ローマ字表記」は社会の荒波にもまれ、敗北の道を進んでいます。中学高校の英語教科書では、すべての教科書で姓＋名ローマ字表記に統一されていますが、10年前より、そのトーンが下がっています。「I am Ken.」、「My name is Kumi.」とか「Ms Green.」と言うように、フルネームを避けた表現になっています。ボクはその主の表現を探すのに苦労しました。国際大会、英字新聞、英会話学校では名＋姓が圧倒的だからです。

学校の英語教育に限っていて、誰も応援してくれません。生徒の信頼を10年間も裏切っています。学校で習ったことが、社会で通用しないのです。

62. 歩行者は右側、車は左側通行

教育の不信感に関して、よく似たことがあります。

「歩行者（同士）は右側通行、車（同士）は左側通行」と小

学校で習っていて、学校内では車がいなくて、歩行者同士に限定されます。子供達は右側を歩くよう教えられています。一般社会ではそうなっていません。歩行者同士は左側通行しています。子供達はどう思っているでしょうね。大人が違反しているのですから。小学校教育の信頼が失われますよね。

　実は道路交通法第10条1では、「歩行者は、歩道又は歩行者の通行に十分な幅員を有する路側帯（次項及び次条において『歩道等』という。）と車道の区別のない道路においては、道路の右側帯 によって通行しなければならない。‥‥‥」

63. 右側通行か左側通行は未定
　つまり、歩行者同士の歩行については、右側通行か左側通行かを決めていません。学校側の過剰解釈なのです。人は自然に左側を歩く場合が多いです。「歩道又は歩行者の通行に十分な幅員を有する路側帯と車道の区別のない道路」は今ではあまりありません。歩行者左側通行を教える方がよいと思います。

　「歩行者右側通行」が普及すると、つまり慣れすぎると、車を運転するとき、危険なことになります。運転中にふと右側を通行してしまうことがあります。このことについては、ボクは言いたいことが多くありますが、「コトバ生態学」とは離れるので、おしまいにします。

64. 日本人名表記法はまだ変わる？
　これで、人名表記法の変化は終了でしょうか。実は変わる可能性があります。日本語の英語表記法はこれまで、日本式から英語式に変化してきました。ヘボン式表記は英語式と言われていますが、完全ではありません。もっと英語式な表記がありま

す。

　「セントレアの話題」でも少し触れましたが、日本語セ音を英語（ローマ字）で表記すると、ヘボン式では「se」ですが、「ce」も可能ですよね。

65. カ音、コ音は「ka、ko」ではない

　日本語カ音、コ音はどうですか。ヘボン式では「ka、ko」ですが、英語式では絶対「ca、co」ですよね。（「Canada、America、Chicago、camera、capacity、cap、cabin、company、coffee、cognitive、cotton、comedy、record」など）。日本語でもカ音、コ音を含むカタカナの固有名詞は、「Docomo、Parco、Corolla、Canon、Orico、Nafco、Amica」など「ca、co」が多いです。「Komami、Komatsu、Kahma、Kodak」は例外でしょうか。名前の由来に表記が左右されるようです。英語から見た外来語や外国の人（物）以外（kangaroo、koala など）では、本来の英語には「ka、ko」で表記する語はありません。

66. [カトウ]は[Kato]から[Cato]に

　カトウはKatoでなくCatoになる可能性もあるかもしれません。「チカラ」は「Chikara」から「Chicara」に。さらに日本語ラ行音は、「ra、ri、ru、re、ro」より「la、li、lu、le、lo」の方が発音が近いようです。ちなみに「リカ、レイコ(Rika、Reiko)」さんは英米人に変な発音で呼ばれた経験があるかと思います。「Rika、Reiko」と「Lika、Leiko」と書いて、英米人に発音してもらって下さい。「L」の方が自然な名前で発音しますよね。ボクの場合も、「Chicara」と書くと、「ラ」が気になりましたが、「Chicala」と書くと日本語に近い音で聞こえます。

67.「Chicara」が「Cato Chicala」に?

　「Kato Chicara」が「Cato Chicala」になる可能性があります。イニシャルは「C.C」です。

　日本語ラ行を、「ra、ri、ru、re、ro」と表記しているので、英米人の英会話の先生は、日本人がr音を発音できると思ってしまいます。すでに述べたように、日本語ラ行は「la、li、lu、le、lo」の方の発音に近いのです。ただしこのことはあくまでも、英語のr音に関してです。ローマ字表記という言葉は英語表記に近い意味になっており、その方向に表記法が変化しているので、「ra、ri、ru、re、ro」から「la、li、lu、le、lo」への変化の可能性は大いにあります。ボクはこの変化を強く勧めています。

　ただしカ音、コ音に関して、日本起源を残すためには、「karaoke」「kabuki」などk表記が残るかもしれません。つまり、「Kato」と表記すると日本人をイメージすることができますが、「Cato」は完全な英米人になってしまいます。「Chicala」も同様です。でも分かりませんよ。英語化が異常に進んでいますから。

68. ヘボン式定着の時代

　現在はヘボン式がほぼ定着した時代です。しかし、訓令式は敗北しましたが、生き残っています。道路標識などでは、日本語シ音にhが付いていないこともあります。愛知県日進市方面への道路標示に「Nissin City」という表記がありました。日進市のホームページは「Nisshin」でした。愛知県一色町への道路標識は、「Isshiki」でしたよ。まだ統一されていないようです。ワープロなどの文字転換では、訓令式、ヘボン式の両方

に対応しています。

　この先には、ヘボン式から英語式の変化が待っています。時間がかかるでしょうね。

69. 姓＋名ローマ字表記は英語化の嵐に苦戦
　姓＋名ローマ字表記はもう普及しないかもしれません。ローマ字（英語）表記法が英語化の波があまりにも強くて、姓＋名ローマ字表記は見かけ上はその反対勢力なので、文科省が認めても、なかなか普及しないのでしょう。正しい表記法が、英語の風に飲まれてしまっています。中学英語教科書を再度変える必要があるかもしれません。そうなれば、もう改悪です。ここは引き下がるわけには行きません！　日本語の誇りにかけても。

70. 姓＋名表記は中学、高校のみ？
　10年前より今の中学生は困惑しています。姓＋名で習っていたのに、日本社会では、名＋姓が普通なのですから。学校の英語教育に対して、不信感を持つのではないでしょうか。現在の大学生を調査しました。中学のとき、姓＋名で習ったはずなのに、今では名＋姓で言っている学生がほとんどでした。中には、姓＋名で習っていたのさえ忘れていました。

71. 小学校と中学校のローマ字表記
　実は、小学校と中学校では、学習するローマ字が異なっています。訓令式は敗北しましたが、小学校では生き残っています。つまり、小学校は訓令式、中学からヘボン式を習います。小学生用の英語教室（塾）ではヘボン式だそうです。「どちらでも

いいよ。」と言われても、小学生が困っているでしょうね。

　そのような事情があって、現代日本はまだ訓令式が残っていると思います。それでローマ字表記が揺れているのです。一般のローマ字表記は普通、ヘボン式なので、小学校でもヘボン式にするべきですよね。ボクは、冷たいようですが、訓令式の完全敗北を希望します。

　ハ行「ha、hi、fu、he、ho」の不統一と、サ行の不統一「sa、shi、su、se、so」は見かけ上は似ていますが、その内容は完全に違っていました。

　ローマ字（英語）表記問題については、まだ色々な話がありますが、後ほど詳しく紹介します。

第6章　証拠6：(1語仲間)

その証拠と真相6

　本章は「1語仲間」の話題、つまり、「(1語仲間)ワン子(one)チャンとツー男(two)くんは大の仲良し」の証拠6は、「『once、twice、three times、four times、five times、six times、seven times、eight times、nine times、ten times』のように、『once、twice』だけが特別仲が良いから、1語で、他は2語。『times』が付かない。」の話です。

2. その証拠6

　証拠5:(h音仲間)の話題はずいぶん話が長かったのですが、本章は証拠6の話です。他の8語にはすべて「times」が付いて2語ですが「once、twice」の2語だけは「times」が付かない、1語の単語です。ワン子(one)チャンとツー男(two)くんは特別仲が良いから、他の語とは異なっています。1語と2語の差は、特別扱いと言ってよいでしょう。よっぽど仲がいいですよ。皆さん、これには納得できますよね。

3. その真相6

この証拠ははっきりしています。見かけはそうだけど、真相が違うということはありません。その理由をお話しします。「once、twice、three times、four times、five times、,,,,,,,,」は「1回、2回（倍）、3回（倍）、4回（倍）、5回（倍）,,,,,」という意味です。しかし、日英語とも「1倍」と「once（1倍）」は使いません。

また、「2倍、二重」（twice）に対して、「double 、twofold」という表現もあります。「2回（度）」は（twice）の他には「two times」とも言います。「3倍、三重」（three times）は「threefold 、triple 」、「3回（度）」(three times)は「thrice」、「4倍、4重」は「four times」以外に「fourfold 、quadruple」という英語表現もあります。

4.「once」は「one」の、「twice」は「two」の属格形

「once、twice」には同じ語尾「ce」が付いていますが、これは何でしょう。実は、これは古英語、中英語の「属格形」です。現代英語では、人称代名詞なら、「my、his、your、our、their」で普通名詞なら、「man's、people's」、固有名詞なら、「Tom's」のような「所有格」です。複数形の所有格は、複数で既に「-s」が付いているので、「'」を付けるだけで、「-s」は付けません。「parent（親、単数）」の所有格は「parent's」で「parents（両親、複数）」の所有格は「parents'」です。発音は同じなので、聞く場合には区別できません。

また、複数形が規則的でない場合は注意しなければなりません。「lady's（女性の（単数所有格））」と「ladies'（女性達の（複数所有格））」は少し綴りはちがいますが、発音は同じで

す。「man's(男性の(単数))」と「men's(男性達の(複数所有格))」は複数でも「-s」が付かないので、所有格ではそのまま「-s」が付きます。スーパーの衣料品コーナーで、女性用「レディーズ(Lady's)」、男性用「メンズ(Men's)」と書いてあるのを時々見かけますが、正しくは「レディーズ(Ladies')」です。

5. 属格は副詞的機能を持つ

　「所有格」は「所有、所属(の)」の意味、機能を持っていますが、「属格」は現代英語の「所有格」より広い意味を持っていました。「所有、所属(の)」の意味、機能以外に副詞的な意味、機能を持っていて、時、場所の意味がありました。つまり、「once、twice」は「one、two」の「属格」で「one、two」の副詞的な意味つまり「回、度、倍」の意味になりました。「one」の「属格」の「once」の発音は「one ＋s」ですが、「two」の「属格」である「twice」は「two ＋s」でなく、「two」にはなかった(綴りに「w」はありますが)w音が復活しています。

6. 「sometimes、always」は属格形

　「one」の所有格は「one's」で「人の」と言う意味です。語源的には「one」の属格(現代英語では所有格)の「once」と同じですが意味が違いますね。

　「sometimes、always」の語尾「s」は複数ではありません。「属格」形の「s」のなごりで、時を表します。「Sundays、Mondays」」の「s」も同じです。「日曜日に」「月曜日に」という意味で、「属格」の副詞的用法から来たのです。決して複数ではありません。「on Sunday、on Monday」と同じ意味です。

ということは「on Sundays、on Mondays」とは言えません。副詞表現が二重になってしまいます。

さらに、「Sunday's」、「Monday's」になれば現代英語の所有格で、「日曜日の」「月曜日の」という意味になります。

7.「の」と所有格の意味

「所有格」は「所有、所属（の）」の意味、機能を持っていることは、すでにお話ししましたが、「所有、所属（の）」にはもっと色々な意味、機能があります。日本語「の」の意味、機能とほぼ同じなので、英訳、和訳の際には、日本人はあまり気がつきません。

「太郎の本」の「の」のような基本的な表現でも単純ではありませんよ。「太郎が所有している本」の意味では、「の」は「所有」の意味ですが、「太郎が書いた本」の意味にもなります。この場合は「作成、制作」でしょうか。「太郎が書かれている本」の場合には、「の」は「起源」の意味になります。

8.「太郎の学校」の「の」は？

さらに「太郎の学校」の「の」は「太郎が通っている学校」という意味では「所属」ですが、「太郎が働いている学校」も「所属」でいいでしょうかね。また「太郎が所有（経営）している学校」の意味にもなります。この場合の「の」は「所有、支配」かな。

「太郎の父親、息子、妻、妹など」の「の」は「家族」、「太郎の先生、社長、友達、ライバル、恋人など」は「人間関係」、「牛の肉、乳、皮など」は「材料、部位」、さらに、「純金の時計、花、器、粉、仏像など」の場合には、「材料」、「東京の人、

大学、会社、店」は「存在地、出身、在住」、「裸の子ども、王様など」は「状態」、「太郎の到着、逃亡、失敗、病気、死など」は「主述関係」、「昼の時間、食事、仕事、気温、雨など」は「時」のような意味になります。

　以上はすべてが「AのB」表現の「A」を固定した例ですが、「B」を固定した表現でも同じです。

9.「花、香水、魚、犬」のにおい

　「花、香水、魚、犬、父、ニンニク、トイレ、火事、ゴミ」などの[におい」は「起源、原因」、ただし、「におい」を「匂い」「臭い」と表現すると、「起源、原因」は変わりませんが、「におい」の意味が変わって、不自然になる表現も出てきます。

　新聞の投書欄で「自衛官の孫が、、、、」という見出しがあったので、「祖父が自衛官？」と思いましたが、その内容を読んでみると、「自衛官になった孫が心配、、、、」という投書でした。「の」は多様な意味を持っているので、短い表現なら誤解することがありますが、文脈からは判別できることが多いです。しかし、文脈からでも判別不可能なこともあるでしょうね。

　日本語「の」、英語「所有格、of」表現の意味は、日英語ほぼ同じなので、あまり気にしませんが、実はこんな種々多様な、しかも深い意味を持っているのです。

　このような言語学の分野を「意味論」と言います。

第 7 章　証拠 7：(サン子 (three) チャン)

その証拠と真相 7

　第 7 章は「(サン子 (three) チャン) ワン子 (one) チャンとツー男 (two) くんは大の仲良し」の証拠 7 は、『first、second、third、fourth、fifth、sixth、seventh、eighth、ninth、tenth』のように、仲が良いから、『first、second、third』だけは『-th』が付かない。ただしサン子 (three) チャンの存在は何。」の話です。

2.「-th」が付く序数詞は少し変化する

　序数詞「first、second、third」以外は、規則的に「-th」が付きます。しかし「fourth、fifth、sixth、seventh、eighth、ninth、tenth」のうち、「fifth」は「five＋th」から来たのですが、「five」が少し変化しています。「eighth」は「t」を 1 字削り、「ninth」は「e」を削っています。学習辞書には「綴り字注意」と書いてあります。注意しましょう。その他の「fourth、sixth、seventh、tenth」は変化しません。

3. teen 仲間は少し変化

　証拠3（teen 仲間）とよく似ているので、もう一度復習します。「thirteen、fourteen、fifteen、sixteen、seventeen、eighteen、nineteen」はすべて「-teen」が付いていますが、そのまま「-teen」が付いているわけではありません。「thirteen」は「three＋teen」からの変化形です。「three」が「thir」に変化しました。「fifteen」の「fif」は「five」から変化し、「eighteen」は「t」を1字削除しています。学習辞書には綴り字注意と記してあります。綴りに気をつけてください。後の「fourteen、sixteen、seventeen、nineteen」はただ「-teen」が付いただけで、変化していません。序数詞「ninth」は変化していますが（e が削除）、「nineteen」は変化していません。このことは辞書には書いてありませんが、綴り字注意です。

4.「third」は音が入れ替わった

　さてお気づきになった人がおられると思いますが、序数詞「third」と「13」の「thirteen」、「30」の「thirty」は「thri (three)」から「thir」に変化しています。実はこれは音が入れ替わったのです。序数詞「third」は昔の英語では「thrid (three＋d)」という綴りで、発音は日本語で「スリド」に近い音でした。

　この「thrid（スリド）」が「third（シルド）のように「ri」が「ir」になり発音も綴りと同じに入れ替わりました。「子（綴り）が親（発音）に従う時代（発音優先時代）」の変化だったのです。「thirteen、thirty」も同様です。

　ただし、それらのリーダーの「three」は発音も綴りも（「three」

と「thri」は同じ綴りとみなす）変化していません。

5.「thir」の発音変化は綴り字優先の時代になってから

その後発音が「サー」に近い音に変化しました。つまり、「thri（スリ）」から「thir（シル）」の変化は発音が音転位によって、音の順が逆転しました。発音優先の時代（子（綴り字）が親（発音）に従う時代）だったので、それに応じて、綴りが「thri」から「thir」のように変化しました。ところが「thir（シル）」が「サー」に近い音に変化したときには、綴り字優先の時代（子（綴り字）反抗期の時代）に入っていたので、その発音変化は綴りに反映しませんでした。

6. 音転位

「three」は「thri」という発音通りの綴りでした。発音は日本語で「スリ」に近い音が、「thir（シル）」のように「ri」が「ir」にひっくり返りました。「third」は「three＋d」で「thrid（スリド）」でした。このよう現象は、言語学的には決して珍しいことではありません。

「子（綴り）が親（発音）に従う時代（発音優勢時代）」だったので、まず発音「スリド」から「シルド」に変化し、その変化に従って、綴り「ri」が「ir」に変化しました。その後、third は発音が「シルド」から「サード」に変化しましたが、「子（綴り）が親（発音）から独立する時代（綴り優勢時代）」に入っていたので、綴りはそのまま「third」です。

他には「brid（発音もそのまま「ブリッド」に近い音）」が「bird（鳥）」に、「hros が horse（馬）」に「interduce が introduce（導入する）」に、「ax」が「ask（たずねる）」に

「revelant」が「relevant(関連する)」、などがあります。これを「音転位(metathesis)」と言います。最初は誤用だったのが広く普及して、正用になりました。その後、「bird、horse」は綴りがそのままで、「third」と同様に発音が変化しました。

7.「子が親に従う時代」と「子の独立時代」が混在

　日本語でも、古くは「あらた(新た)」が「あたらしい(新しい)」に、「さんさか(山茶花)」が「さざんか(ささんか)」に、「舌つづみ(舌鼓)」が「舌づつみ」に、「あきばはら(秋葉原)」が「あきはばら」に変化しました。この場合、平仮名は発音と同じように変化しましたが、漢字表記「山茶花、秋葉原」はそのままです。これは英語に関して既にお話しましたが、英語の「子(綴り)が親(発音)に従う時代(発音優勢時代)」の原則です。

　しかし漢字表記「山茶花、秋葉原」は「子(綴り)が親(発音)から独立した(従わない時代)(綴り優勢時代)」の原則です。英語は時代の移り変わりによって、変化しましたが、日本語は同時期に、両方が混在しています。たいへん珍しいことです。平仮名と漢字の性質が異なるからです。つまり、現代の平仮名はかなり正確な表音文字ニなり、「子が親に従う時代」に生き、漢字は表意文字として、「子が親から独立した時代」に生きているのです。

　ただし、明治以前、平仮名は「子が親に従わない時代」でした。それが歴史的仮名遣いです。「言文一致運動」によって、現代式仮名遣いになったので、「子が親に従う」ようになったのです。

すでにお話しましたが、歴史的には日本語（平仮名）も英語と同じように、「子が親に従う時代」から「子が親から独立した時代」を経て、再度「子が親に従う時代」に戻った経緯があります。英語ばかりでなく文字を持つ殆どすべての言語も同じ歴史を持っています。ただし再度「子が親に従う時代」に戻ると言うことは、自然には起こりません。いわば人工的に戻したのです。

8.「雰囲気」を「フインキ」と

　ある学生が「先生、『フインキ』と入力しても、漢字転換しないのはなぜですか」と訊いてきたので、ボクは何のことか分かりませんでした。しばらく話していて分かったのですが、この学生は「雰囲気」を「フインキ」と思い込んでいたのです。授業中に調査しました。何とほぼ半数の学生が、「フインキ」と言っていました。ただし、「フンイキ」のことを知っている学生が、大半で、この学生のように、「雰囲気」を「フインキ」と思い込んでいたのは少数派でした。「雰囲気」の漢字読みを知っていれば、当然分かりますよね。分かっていますが、会話中にはつい「フインキ」と言ってしまうそうです。「雰囲気」の漢字が忘れ去られるのです。

9.「フインキ」が正用に

　若者は「フンイキ」（雰囲気）を「フインキ」と言っているので、「フインキ」に変化しそうな気配です。まだローマ字入力で変換していませんが、そのうちに変換が対応しそうです。国語辞典の表記はだいぶ遅れますが、「ふんいき【雰囲気】：「フインキ」とも言う。、、、、、、」と解説する国語辞典が現れるでし

ょう。さらに、「ふいんき【雰囲気】:⇒ふんいき。 、、、、、」という定義になり、さらにまた、「ふいんき【雰囲気】:昔は「ふんいき」と言った。 、、、、、」になるでしょうね。

10. 若者と年配者との力関係

この変化は、日本語における若者と年配者との力関係によります。年配者の目や、既存の辞書、教科書の記述から、若者が成長して社会人になって、「フインキ」から、「フンイキ」に変えるのか、あるいは、年長者自身が、若者言葉を容認して、さらに使い出すのか、勝負です。「キモイ」はもう年配者も使っています。「ウザイ」、危険な意味でない「ヤバい」は年配者にとって意味は知っていますが、使用はまだでしょうね。

「フンイキ」に関しては、現在の若者言葉の力から想像して、ボクは辞書の記述が変化すると予想していますが、果たしてどうでしょうか。

皆さん、何年後の辞書か分からないですが、ボクの話覚えておいて下さい。ひょっとして、その通りにならないかも。

もしその通りにならなければ、「若者と年配者との力関係」が変化し、年配者が予想以上に健闘したということが言えます。どちらの結果になっても、結果を見て、さらに原因を探ることができます。その際には、また、コメントしますよ。

11. 言語変化の過程

「フインキ」の場合は音転位の例でしたが、これを含めて、もっと広い意味での言語変化について考えてみましょう。

1.「発音変化、ワープロ文字不変換、辞書不変化不掲載」

まずもっとも初期の段階の変化（第1段階）は、発音だけ変

化したが、充分普及していないので、ワープロでの文字入力は変換できません。辞書にも掲載されていません。

　(例)「フインキ (雰囲気)、スイゾッカン (水族館)、ダイチ (第一)」など

　2.「発音変化、ワープロ文字変換、辞書不変化不掲載」

　第2段階の変化は、発音が変化し、ワープロでの文字入力は変換できます。辞書には掲載されません。

　(例)「センタッキ (洗濯機)、タイク (体育)」など

　「センタッキ (洗濯機)」が変換できるのに、「スイゾッカン (水族館)」はできないのです。使用頻度の差でしょうか。

　3.「発音変化、ワープロ文字変換、辞書変化掲載」

　第3段階の変化は発音が変化し、ワープロ文字変換が可能で、辞書も変化し、掲載されています。完全変化の段階です。

　(例1)「ユイツ (唯一)、ショッカン (食感)、ギャッキョウ (逆境)、ギャクコウ (逆光)、リッキョウ (陸橋)、シカク (刺客)、リョカクキ (旅客機)」

　ただし、「ユイイツ、ショクカン、ギャクキョウ、ギャクコウ、リクキョウ、シキャク、リョカッキ」の表記も残っています。元々の発音の「リョキャクキ」は変換できないし、辞書掲載もありません。刺客の客は「キャク」「カク」の両方があるのに、旅客機の客は「カク」と「カッ」がありますが、「キャク」「キャッ」はありません。

　「ダイチ (第一)」が第1段階に入っていて、「ユイツ (唯一)」が第3段階なのは、不思議な感じがしますが、「ダイチ (第一)」は「第一発見者」のように後に続く表現が多いのが理由でしょうかね。ただし「ダイイチイ (第1位)」は「イ」を発音します。

「ショクカン、ギャクキョウ、ギャクコウ」の元々の発音表記があるのに、「ガクコウ（学校）、ガクカ（学科）、サクカク（錯覚）、タクキュウ（宅急、卓球）」の元の音表記はありません。これは発音変化の時代が古いからでしょう。
　（例2）「イッショウケンメイ（一生懸命）、ドクダンジョウ（独壇場）」
　「イッショウケンメイ（一生懸命）」は辞書には「イッショケンメイ（一所懸命）から変化した」と記述。「ドクダンジョウ（独壇場）」は「ドクセンジョウ（独擅場）の漢字間違いからの誤用が正用に。
　（例3）「アタラ（新）、サザンカ（山茶花）」
　辞書には「昔はアラタ、サンサカと言った」の記述。

12.「ユイイツ、タイイク、ダイイチ」は発音しずらい？

　すでに述べたように、「唯一」、「体育」、「第一」はそれぞれ変化段階が異なります。「唯一」は「発音変化、ワープロ文字変換、辞書変化掲載」、「体育」は「発音変化、ワープロ文字変換、辞書不変化不掲載」、「第一」は「発音変化、ワープロ文字不変換、辞書不変化不掲載」です。3語とも、発音が変化したのは共通です。「唯一」、「体育」、「第一」は発音が、「ユイイツ、タイイク、ダイイチ」から「ユイツ、タイク、ダイチ」に変化しました。
　「‥イイ‥」という音が言いにくいから、「イ」が取れて、「‥イ‥」になったのでしょうか。では「‥イイ‥」を含む他の語を考えてみましょう。

13.「セイイン(成員)、テイイチ(定位置)」は？

「セイイク(生育)」、「セイイン(成員)」、「セイイキ(聖域)」、「テイイン(定員)」、「テイイチ(定位置)」、「テイイキ(低域)」などは「イ」が取れません。しかし、「セーイク、セーイン、セーイキ、テーイン、テーイチ、テーイキ」のように、発音が変化します。「‥イイ‥」の音が発音しづらいのです。この場合発音は変化しますが、「ワープロ文字不変換、辞書不変化不掲載」です。アナウンサーは「‥イイ‥」の発音を正確に発音しているようですが、一般の人々は、「‥ーイ‥」と発音するのが普通です。

14.「‥イイ‥」の音が発音しづらいわけではない

実は「ケイ」「セイ」「テイ」などのような「エ(エ段) + イ」は「エ(エ段) ー」と伸ばして発音されることが多いです。もちろん正しくは伸ばさないので、アナウンサーは練習するようです。ということは「‥イイ‥」が発音しにくいのではなく、「エ(エ段) + イ」の音が原因なのです。

「セイイン(成員)」、「テイイチ(定位置)」以外には、「ケーサツ(警察)」、「セーセキ(政敵)」、「テーチ(低地)」、「ヘーコー(平行)」、「メーセー(名声)」、「セーコー(成功)」、「テーネー(丁寧)」、「レーフク(礼服)」などです。ただしこれらは、文字変換もしないし、辞書にも掲載されていません。

発音と文字表記に大きなギャップがあります。これらの語は伸ばして発音すると、不正確で無作法のように聞こえるので、禁止されることが多いですが、実際には早く無意識に話せば、このような発音になることが多いですよ。皆さんも意識して自分の発音を聞いて下さい。

15. 英語には「エー」はない

　日本語音の「エ（エ段）+ イ」は「エ（エ段）ー」の音になりやすいということに関して、英語にもよく似た現象があります。実は英語には「エ（エ段）ー」（[e:]）音は原則的にはありません。「エ（エ段）イ」（[ei]）音しかないのです。（ただし元々の英語ではなく、外来語には例外的に存在します。）

　英語の「game、mail、gate、great、sale、cake」などは日本語（外来語）にすれば、「ゲイム、メイル、ゲイト、グレイト、セイル、ケイキ」になるはずですが、「ゲーム、メール、ゲート、グレート、セール、ケーキ」などになっています。これは、日本語は「エ（エ段）+ イ」は「エ（エ段）ー」の音になりやすいからです。ただし、「nail、pay、bay、gay」などは「ネイル、ペイ、ベイ、ゲイ」などは英語により忠実な表記（音）です。

　「プレー、メーク」などは最近になって、[プレイ、メイク] に変わりました。英語を日本語（外来語）に取り入れる場合、1. 英語の原音を重視する。（「エ（エ段）+ イ」）　2. 日本語の言いやすさを原則にする。（「エ（エ段）ー」）のどちらかの原則を取らなければなりませんが、適当に両方の原則が混在しています。一貫性がないですよね。

　外来語表記問題に付いては、後ほど詳しくお話しする機会があると思います。

16. 子（文字表記）が親（音）に従わない現象

　「エ（エ段）+ イ」と「エ（エ段）ー」の現象は、子（文字表記）が親（音）に従わない、日本語としては珍しい現象です。というのは、英語と違って、日本語は原則的には、子（文字）

は親（音）に従うように、作り直された（現代式仮名遣い）からです。

17.「ケータイ」は特権階級

　しかし、なんと言っても、その代表は「ケータイ」です。「携帯電話」の表記は略語の「携帯」からカタカナ表記の「ケイタイ」、さらに長音記号を使って現実の発音に合わせた「ケータイ」に変化しました。「携帯電話」のコトバ学的な「特別扱い」はまだまだあります。「携帯電話」の社会に及ぼしている影響が多大であることがわかります。

　表記以外の変化も特別扱いです。「携帯電話」はふつう「携帯」とは略すことはできません。「携帯」が付く語は「携帯トイレ（便所）」「携帯椅子」「携帯辞書」「携帯枕」「携帯ラジオ」などがあるので、「電話」を略して「携帯」とすると、他の「携帯」の付いた語が困ってしまいます。

18.「東京大学」「中部電力」の略語は？

　「東京大学」「中部電力」の略語は「東京」「大学」、「中部」「電力」に分解し、前半後半一字ずつ組み合わせると「東大」「東学」「京大」「京学」、「中電」「中力」「部電」「部力」が考えられます。前半部分の「東」「京」、「中」「部」、で最も意味を伝えるのは、「東」「中」ですよね。前半部分の「東」「中」と「京」「部」では「京都」という語があるから、「東」が決定です。「中」は略すことができません。

　後半部分の「大」「学」、「電」「力」では「大」と「学」は迷うところですが、他大学に例に従えば、「大」です。「電」と「力」では「電」を略すと意味がなくなってしまいます。それで、最

も意味が分かり易い、「東大」「中電」が選ばれたのです。

　「大阪大学」は「大大」「大学」「阪大」「阪学」の組み合わせがあり、「東大」とは異なって、前半部は後の文字、後半部は前の文字になり、発音も訓から音読みに変化し、「ハンダイ」になりました。

　「携帯」のように、「東京大学」「中部電力」の後半部分を略して「東京」「中部」にすることはできません。

19.「就職活動」の略語は？

　まず前半部分の「就職」と後半部分の「活動」に分解し、両方から1字ずつ重要な方を残して略語を作ります。前半だけ、後半だけ残す（略す）は「携帯電話」以外は無理です。「就活」「就動」「職活」「職動」の組み合わせが考えられます。後半の「活」と「動」については「活」の方がよりその意味を代表しているので、残すことに異議はありませんよね。

　「就」と「職」ではどうでしょうか。それらを含む語は「就業」「就役」「就学」、「職域」「適職」「職業」などがあります。どちらを残す（略す）べきでしょうか。「職」の方が「就」より重要ですね。ということは、「就活」より「職活」の方が理に合っています。ボクは「職活」を造語して、使用していましたが、「就活」が普及し、「先生、『職活』は間違いじゃないですか。」と言われ、くやしい思いをしたことがあります。

20.「婚活」

　「結婚活動」の「結」と「婚」では、「結」と「婚」を含む熟語を思い出せば、当然「婚」の方が重要ということがわかります。だから「婚活」になります。「恋愛活動」の場合「恋」

と「愛」を比較するには「恋人」「愛人」をみればわかります。「恋活」と「愛活」の意味の差がはっきりします。

21. タイイクは発音しずらい？の話題に戻る

発音しずらいから「イー」になる話題をまとめると次のようになります。

1.「‥イイ‥」という音が言いにくいから、「イ」が取れて、「‥イ‥」になった。（タイク、ユイツ、ダイチ）

2.「‥イイ‥」の音が発音しづらいわけではない。セーイク、セーイン、セーイキ、テーイン、テーイチ、テーイキ等の例は偶然「‥イイ‥」という音になっているだけです。

「‥イイ‥」の音でなくとも、セーセキ、ケーカイ、テーガク、ヘーキ、などのように「エ（エ段）＋イ」の音が発音しにくいのです。

1の「タイイク、ユイイツ、ダイイチ」は本当に発音しにくいでしょうか。

22. カイイン（会員）、ハイイン（敗因）は不変化

同じ「‥イイ‥」を含む語でも、「‥イ‥」「‥ーイ‥」というに変化しない語もあります。

「アイイク（愛育）、カイイン（会員）、イイン（医院）、クラスイイン（クラス委員）、ハイイン（敗因）、ハイイロ（灰色）、アイイロ（藍色）、タイイン（退院）、タイイキ（大域）」は「アイク、カイン、クラスイン、ハイン、ハイロ、アイロ、タイン、タイキ」のように、「イ」が取れることはないし、「アイーク、カイーン、イーン、ハイーン、ハイーロ、アイーロ、タイーン、タイーキ」のように伸ばすこともありません。

これらの「‥イイ‥」を含む語は決して発音しにくいことはないのです。

23. なぜ「タイイク、ユイイツ、ダイイチ」だけが？

　単に発音しにくいという理由ではなさそうですが、「‥イイ‥」の前の音も調べる必要があります。しかし、「タイイク、タイイン、タイイキ」は同じ音が前についていますが、「タイイク」だけが、変化しています。使用頻度も特に高いということはありません。「ダイイチ、ダイイン」もよく似ていますが、「ダイイチ」だけが変化します。

　上記「カイイン、ハイイン」などは無理なく、そのまま発音するのに。「タイイク、ユイイツ、ダイイチ」だけは、発音しにくいはずはないのに、つい「タイク、ユイツ、ダイチ」と言ってしまうのはなぜでしょう。関連熟語「体育館、体育会、唯一事項、第一難関、第一発見者」などもつい「イ」を一つ取ってしまいますよね。

　よく似ている語、「ダイイチイ（第1位）」「タイイン（隊員）」「ダイイン（代印）」「タイイキ（大域）」「タイイ（退位）」「タイイイジョウ（胎位異常）」は「イ」が取れません。「イ」を取ると「タイイン（隊員）」は「タイン（他院）」、「タイイ（退位）」は「タイ（他意）」、「タイイイジョウ（胎位異常）」は「タイイジョウ（体位異常）」になってしまうから、「イ」が取れないという理由になりません。「ダイイチ（第一）」に対して「ダイチ（大地）」という語があります。

24. ミステリアス三姉妹

　この問題はボクにとって、ミステリアス三姉妹です。文字変

換も辞書掲載もやり遂げた「ユイツ」が最も先輩で長女、文字変換だけの「タイク」がその次女、発音だけの「ダイチ」が最年少で、三女です。ユニークな三姉妹ですよね。親（音）に反抗する子（文字）は他にもありますが（「エ（エ段）＋イ」「オ（オ段）＋ウ」は「エ（エ段）ー」「オ（オ段）ー」と伸ばして発音される）、統一的な音変化です。しかしこの姉妹だけは統一的な原則が見当たりません。理由なき反抗姉妹です。

25.「エ（エ段）＋イ」は発音が「エ（エ段）＋ー」に

　日本語の「エ（エ段）＋イ」という表記は、発音が「エ（エ段）＋ー」になります。しかし丁寧に発音すれば、表記そのままの音になります。言い換えれば、発音が「エ（エ段）＋ー」の語のすべてが、「エ（エ段）＋イ」という表記になります。ということは、日本語には「エ（エ段）＋ー」という表記はありません。だから「ケーサツ（警察）」、「セーセキ（成績）」、「テーチ（低地）」、「メーセー（名声）」、「セーコー（成功）」、「テーネー（丁寧）」、「レーフク（礼服）」などを音に近い表記そのまま文字入力しても、漢字変換ができないのです。

　先日基礎救命講習会があり、「救命措置」「救命連鎖」「救命活動など「救命」という語が多く出てきます。その「命」の発音を「メイ」「メー」のどちらで言うか、注意して聴きました。レポーターの人は、緊張している時は、「メイ」と発音していましたが、早く言う時は、やはり「メー」になりました。解説者はほとんど「メー」と言っていましたね。

26.「エ（エ段）＋イ」は子が親に反抗

　すでにお話したように日本語は、子（文字）が親（音）に従

うよう、つまり発音通りの表記なるように作られました。(現代式仮名遣い)

　この「エ(エ段) + イ」という表記は例外的に、子が親に従っていません。つまり、表記が音変化に従っていないのです。日本語としては珍しい例です。「ケーサツ」、「セーセキ」、「テーチ」、「メーセー」、「セーコー」、「テーネー」、「レーフク」などを、「けーさつ」「せーせき」「てーち」「めーせー」のように平仮名にすると、不自然ですよね。その他の「ー」(長音記号)の付いた語をと比べればもっとよく分かります。「あー」「えー」「そーか」「はーい」「うーん」などは少し不自然ですが、「アー」「エー」「ソーカ」「ハーイ」「ウーン」などは普通です。

　つまり「ー」はカタカナに合う記号と言えます。

27.「英語には「エー」はない」の話の続き

　英語では「エ(エ段)ー」([eː])音は原則的にはありません。「エ(エ段)イ」([ei])音しかないことは(ただし元々の英語ではない語は例外です。)すでにお話ししました。

　英語の「game、mail、gate、great、sale、cake」などは日本語(外来語)にすれば、「ゲイム、メイル、ゲイト、グレイト、セイル、ケイキ」になるはずですが、「ゲーム、メール、ゲート、グレート、セール、ケーキ」などになっています。これは、日本語は「エ(エ段) + イ」は「エ(エ段) + ー」の音になりやすいからです。ただし、「nail、pay、bay、gay」などは「ネイル、ペイ、ベイ、ゲイ」という日本語表記で、英語により忠実な表記です。

28.「プレー、メーク」は「プレイ、メイク」に変化

「プレー、メーク」などは最近になって、「プレイ、メイク」に変わりました。英語を日本語（外来語）に取り入れる場合、1. 英語の原音を重視する。（「エ（エ段）＋イ」）　2. 日本語の言いやすさを原則にする（「エ（エ段）ー」）。のどちらかの原則を取らなければなりませんが、適当に両方の原則が混在しています。

ただし、たとえ「エ（エ段）＋イ」の表記をしても、丁寧にゆっくり言えば、「エ（エ段）＋イ」と発音できないことはないですが、早く話す場合には、普通「エ（エ段）ー」の発音になります。つまりたとえ「プレイ、メイク」と書いてあっても、早くしゃべれば「プレー、メーク」と読んでしまうのです。

29.「エ（エ段）＋イ」は発音が「エ（エ段）ー」に変化

これは、日本語の原則（「エ（エ段）＋イ」は発音が「エ（エ段）＋ー」に変化）から「ゲイム、メイル、ゲイト、グレイト、セイル、ケイキ」と表記しても、実際の発音は「ゲーム、メール、ゲート、グレート、セール、ケーキ」になってしまうので、音に近い表記を採用しているのです。しかも、外来語なので、カタカナに合う記号「ー」になりやすいです。

30.「ネイル、ペイ、ベイ、ゲイ」はなぜ？

ではなぜ「nail、pay、bay、gay」などの少数の語が「ネイル、ペイ、ベイ、ゲイ」と「エ（エ段）＋イ」の表記をするのでしょうか。実は理由は２つ考えられます。第一は「ペイ、ベイ、ゲイ」は日本語２文字で短いから、「ペー、ベー、ゲー」の表記は少し違和感があるからです。しかし発音は緊張しなく

て早く言えば「ペー、ベー、ゲー」に変化します。日本語 3 文字以上の語と同様発音し易いのです。

　第 2 の理由は「ネイル」は外来語として比較的新しいので、英語教育と英語の知識の普及、さらに、英語に対する憧れから、英語の原音を重視したためと思われます。ただし、実際には「ネール」の音になることが多いですね。

31. 錦織圭選手に対する声援は「ケー！」「ケイ！」？

　テニスの錦織圭選手に対する声援は日本人はほとんどが「ケー！」と言っていました。英米人のファンがインタビューを受けていた時は、「ケイ」と発音していました。大声で応援するとき、伸ばします。「ケー！」の方が「ケイー！」より大きな声が出ます。「ケーイ！」とは言わないでしょうね。皆さんを注意して聞いて下さい。

32.「ウィミン」から「ウィメン」へ ---- 女性とお金は大の仲良し

　「プレー、メーク」が最近になって、[プレイ、メイク]に変わったのも、この第 2 の英語に対する憧れの理由からです。「women」が最近になって、「名古屋ウィメンズマラソン」のように、「ウィミン」から「ウィメン」に表記が変化したのも同じ理由です。従来は「〇〇ウィミンズクリニック」「〇〇ウィミンズアカデミー」などのように、「ミ（イ段）」と表記していました。

　「money」の発音は「マニ」で最後の母音部分は「ウィミン」と同じ「イ」です。「ピンク、キック、ヒット」と同じ母音ですが、昔から「money」だけを、外来語として「マネー」「マネ

ィ」と「エ(ー、ィ)」のように表記し発音しています。その原因は綴りの「-ney」にあります。ローマ字式に読めば、「マネー」「マネィ」になるからです。英語の「イ」を日本語で「エ」と表記して、発音するコトバは、「マネー」だけでしたが、最近になって「ウィメン」が仲間になったのです。「women」の「-men」の部分をローマ字式に読めば、「メ」になりますが、英語教育の普及によって、「ink(インク)」と同じ発音と認識され、「ウィミン」と習いました。しかし、近年英語の「i」は日本語では、「エ」に近いことが常識になり、「ウィメン」になりました。

　女性とお金だけが特権階級です。つまり、「女性とお金は大の仲良し」ということができます。これは現実社会と関係あるでしょうかね。

33. 英語「イ」は日本語の「エ」

　英語「イ」の発音は日本語の「イ」と「エ」の中間音ですが、「エ」に近く聞こえます。英語の原音により近くしたのでしょう。でも、「ピンク、キック、ヒット」など、同じ音を従来は「イ(イ段)」と表記していたので、「ペンク、ケック、ヘット」としなければ、一貫性が失われます。ボクとしてはちょっと違和感を感じます。

　ただ「women」の場合は「men」にアクセントがないので、より「エ(エ段)」に聞こえますが、英語「イ」の音はすべて「イ(イ段)」の表記が原則です。「サミット」は「ミット」の部分にアクセントがないので、「ウィミン」とまったく同じ条件です。

34. 英語「イ」の発音は、「イ」でなく「エ」

　学生に英語「イ」の発音を教える場合は、「イ」でなく「エ」と発音するように指導しています。「今日から、「イ」を「エ (エ段)」と言い換えましょう。」と板書しています。「It is」を「イトイズ」を「エトエズ」（この場合もちろん、「ト、ズ」の後の母音は発音しないこと）と言わせています。

　しかし、「ピン、シックス」などは「エ (エ段)」にすると「ペン、セックス」と同じになってしまうので、注意しています。

35.「インキ」と「インク」

　学生に「インキ」と言ったら笑われました。そう言えば、プリンター用のインキは「インクカセット」と言います。英語「ink」から来た外来語で、語尾の発音は [k] で、その後に母音は付きません。「ケーキ」も同じ発音から来たものですが、「ケーク」とは言いません。また、「ステーキ」「ジャッキ」「デッキ (甲板)」も英語では語尾は同じ発音で、「キ」と書きます。

　「ストライキ」と「ストライク」は同じ語の「strike」からの外来語ですが、日本語の意味が違います。さらに、「brake」「break」は同じ発音ですが、日本語になると「ブレーキ (制動装置)」「ブレーク (休憩、弾ける)」になります。ちなみに「チョッキ」は外来語ではありません。「直着」から来たと言われています。

36.「キ」より「ク」が圧倒的に多い

　他の [k] の音を語尾に持つ外来語を調べてみると、「ピンク」「パーク」「ジョーク」「マーク」「ピーク」「コック」「パック」「シック」「サック」「ロック」「ラック」「ドック」「コルク」

「ピクニック」「トーク」など「ク」が圧倒的に多いことがわかります。

　日本語は必ず「母音+子音」になっていて、子音で終わることはありません。ただし、「ン」は例外です。英語は子音で終わる語が多いです。日本人英語学習者は子音だけの発音は苦手で、どうしても子音の後に母音を付けて発音しがちです。外来語として日本語にする場合、何らかの母音を付けなければなりません。「ア」「イ」「ウ」「エ」「オ」のうち何を付けても良いのですが、「ウ」を付けるのが普通です。「ウ」がもっとも軽くて、目立たない母音だからです。

37. 古い外来語は「キ」

　比較的古い外来語は「ステーキ」「ケーキ」「ブレーキ」のように「キ」と言って「イ」を付けていました。英語教育がまだあまり普及していない時代で、正確な英語音の知識がなく、「キ」と聞こえたのでしょう。

38.「インキ」と「インク」は少し意味の差

　すでにお話ししたように、「インキ」の場合は最近になって「ク」に訂正されました。この場合、実際は訂正されたのではなく、「インキ」と「インク」は別物です。万年筆等の使う古くからあるものが「インキ」です。今でも「マジックインキ」とちゃんと書いてあります。プリンター用は「インク」と言います。

　訂正されない語がありますが、それには理由があります。「ジャッキ」は「jack」から来ていて、「Jack（人名）」と同じ発音ですが、人名は「ジャック」と書きます。つまり人名と区別す

るためです。ちなみに、「ハイジャック」の原語は「hijack」ですが、日本語では「ク」と書きます。

39.「ベーゴマ」

　日本語には「エ（エ段）＋ー」という表記はないことを、すでにお話しましたが、本当にないのでしょうか。外来語でなく（本来の日本語で）、「エ（エ段）＋ー」と書く語を探しました。

　あまりないですよね。皆さんも探して下さい。「ベーゴマ」くらいでしょうか。現物は若い人は知らないでしょうね。ゴマ（男の子のおもちゃ）の一種です。これは「貝独楽（バイゴマ）」から「べいごま」に変化し、原則に従って「ベーゴマ」と発音され、もとの漢字は忘れられて、「べーごま」になり、「ー」が使用可能な、カタカナ表記「ベーゴマ」になりました。

40.「ケータイ」と「ベーゴマ」は仲良し

　「ケータイ」は「携帯電話」「携帯」「ケイタイ」「ケータイ」と変化しました。この変化はすでにお話したように、いくつかの言語原則に違反している別格の特権階級語です。

1. 普通「携帯電話」を「携帯」と略すことはできない。言語原則に合わせれば「携電」。
2. ふりがな以外で「携帯」を「ケイタイ」とカタカナ表記することはできない。
3.「ケイタイ」を「ケータイ」と長音記号を使っての表記はできない。たとえ、発音が変化しても。(「テーネー」)

　「ケータイ」が特権階級だからできるのですね。その「ケータイ」の仲間に特権階級でない「ベーゴマ」が入っているのです。「ケータイ」と「ベーゴマ」が仲良しなんて驚きですね。

41. 本来の日本語なのにカタカナ表記

　本来の日本語でも、「ケータイ」「ベーゴマ」のようにカタカナで表記する語は多くあります。ほとんどが平仮名、漢字表記も併用される語です。以下の表記が併用されていますが、それぞれ同じように使われているわけではありません。使用頻度、使用状況、イメージ、個人的好みなどが異なります。　以下にカタカナ、平仮名、漢字で表記してみました。皆さんはどの表記を最もよく使いますか。

　「ミカン、みかん、蜜柑」「リンゴ、りんご、林檎」「キュウリ、きゅうり、胡瓜」「バラ、ばら、薔薇」「キリン、きりん、麒麟」では、漢字が難しいので、漢字表記は少ないでしょうね。「みかん、りんご、キュウリ」が最も普通だと感じますが、皆さんはどうですか。

　「ショウユ、しょうゆ、醤油」「サクラ、さくら、桜」「ネコ、ねこ、猫」「イヌ、いぬ、犬」では良い勝負で、個人の趣味の問題でしょう。

　「カキ、かき、柿」「カキ、かき、牡蠣」「サケ、さけ、酒」「サケ、さけ、鮭」に関して、使用が多いのは、果物が「柿」で、貝は「カキ」。アルコールは「酒」で魚は「サケ」（「シャケ」とも言う）がより使用頻度が高いと思いますが、皆さんはどうでしょうか。

42. 漢字、ひらがな、カタカナ

　漢字、ひらがな、カタカナに関して、もう少し詳しく説明しましょう。日本語には、表意文字の漢字、表音文字のひらがな、カタカナという三種の文字があります。ちなみに英語には表音文字のアルファベットの一種類の文字しかありません。日本語

は三種類の表記法で書き表すことができます。ボクの名は正式には「主税」と書きますが、「ちから」「チカラ」とも表記できます。漢字が書けない小さい頃、このように書きました。今でも家で、ハンカチとか下着に書いています。三つとも同じように読むことができますが、何か違います。

43. イメージ、意味合いが違う

　イメージが違うと言ってしまえば簡単ですが、どのように違うかと尋ねられると、その説明は簡単ではありません。キーワードだけを挙げておきます。「主税」(意味が深い、古臭い、高尚、学問的、年配風、など)、「ちから」(子供っぽい、かわいい、やさしい、平易など)、「チカラ」(新しい、現代的、軽い、外国語的、前衛的など)。同じ読み方でも、漢字の場合は、「力」「努」「千佳良」など色々な表記がありますが、表意文字なので、その表している意味に、はっきりした差異があります。

44.「松」「まつ」「マツ」でどれが正しいか

　すべての日本語が三種で表記できるわけではありませんが、次のような語は三種で表記できます。「馬」「うま」「ウマ」、「虎」「とら」「トラ」、「桜」「さくら」「サクラ」、「杉」「すぎ」「スギ」、「松」「まつ」「マツ」それぞれイメージの差異はほぼ、キーワードのとおりです。三種の表記のうちどれがもっとも普通でしょうか。漢字表記がもっとも普通だと思う人が多いでしょうネ。実はこれらの正式表記は、カタカナです。

45. カタカナが正式表記

　百科事典では、「トラ」が見出し表記になっていて、「哺乳(ほ

にゅう）綱食（こうしょく）肉目ネコ科の動物」のように説明してあります。ネコ科のように「ネコ」も正式にはカタカナ表記です。同様に「ウマ」は「哺乳（ほにゅう）綱奇蹄（きてい）目ウマ科ウマ属の動物」で「サクラ」は「バラ科の落葉高木または低木で、おもに北半球の温帯と暖帯に分布する」、「マツ」は「マツ科マツ属植物の総称」とあります。このカタカナ表記法は昔決められたもので、現代の語感（新しい、現代的、軽い、外国語的、前衛的など）とは異なっています。言い換えれば、日本人のカタカナに対する語感が昔とは違ってきたのです。

46. ひらがな、カタカナ攻防戦

日本語では「犬」「いぬ」「イヌ」のように書くことができます。このうち「犬」がもっとも普通で、「イヌ」がもっとも不自然です。しかし、動物園や植物園では、動植物の名前をカタカナで書いてあり、不思議に思った人が多いと思いますが、生物学的には「イヌ」が正式表記です。現代日本人の感覚とは相当な差があります。生物分類学では動植物の名はカタカナで表記されます。これはひらがなとカタカナの長い攻防の歴史があり、この生物カタカナ表記はそのなごりと言うことができます。

47. カタカナの出世物語

カタカナは本来漢文を読むために補助文字として発生したので、メモ的なものを表わすために使われ、文章を書くのは、ひらがなが使われました。その後平安時代になって、カタカナで文章を書ようになって、次第に勢力を拡大し、その後特に明治になって、カタカナが漢字とならんで正式文字として君臨しました。

新聞を初め、法律、教育勅語など正式文書は、すべて漢字混じりカタカナ文で書かれました。子どもは文字をカタカナから習いました。それにひきかえ、ひらがなは日陰の身で、メモなど以外にはあまり使われませんでした。これは戦前（太平洋戦争）まで続きました。その時代、カタカナの正式文字的感覚から、権威主義、帝国主義、封建主義的なイメージが付くようになりました。

48. カタカナ衰亡、ひらがな復権

　一方、ひらがなの持つ平易さ、庶民的な感覚から民主主義的な感覚を持つようになり、カタカナ排除、ひらがな復権という状況になったのでした。それで戦後になって正式文書がひらがなで表記されるようになり、カタカナの重要性が失われ、文字としての窓際族に降格し、存亡の危機に直面しました。

　一つの言語には本来表音文字は一種あれば事足ります。日本語には漢字という表意文字があるので、一種類の表音文字があれば充分すぎるくらいです。

49. カタカナ復権

　その後カタカナは、「ガチャン」「ドスン」「ピカピカ」など、自然音（擬音語）を表すのに使われるようになり、擬態語（「ニコニコ」「キラキラ」「モヤモヤ」など）もカタカナ表記になりました。この習慣が定着し、存亡の危機から逃れることができるようになりました。ここに言語音はひらがな、自然音、擬音語、擬態語はカタカナという役割分担が確立したのです。

50. カタカナが「外来語専用文字」に

　外来語は自然音に近いので、カタカナで表記されるようになり、さらに進んで、カタカナは「外来語専用文字」という役割を獲得しました。日本人の欧米崇拝と外来語専用文字の獲得が、「外来語フリー」の日本語に変容させました。今や「カタカナ語事典」と言えば、「外来語辞典」のことで、カタカナ語（特に英語からの）は増加して、毎年その事典は分厚くなっています。

　カタカナが蔓延している現代日本、実は外来語専用文字、カタカナの隆盛が原因なのです。ボクはこの現象を批難するため、「カタカナ亡国論」という表現を作りました。「外来語を減らそう」そのためには「カタカナを捨てよう」が標語です。

　日本語は語彙が豊富です。海外の物、事情、思想、習慣など十分表現することができます。大学では、日本語で授業をやっています。インド、フィリピンなどアジア諸国、中東諸国、などでは母語で大学授業できません。学問を母語で表現できないからです。母語の研究書もありません。

51. 英語にも外来語隆盛の時代が

　英語に外来語が、大量に入ってきた時代がありました。11世紀のことです。その時代イギリスはフランスに占領されていました。それで、フランス語が入ってきたのです。公用語はフランス語になり、被占領民のイギリス人が育てた、牛「ox（英語）」、豚「pig（英語）」を支配者フランス人が味わう、（「beef（フランス語起源）」「pork（フランス語起源）」）というイギリス人には堪え難い屈辱的な時代でした。現代英語のフランス語起源の外来語のほとんどが、この忌まわしい時代に入ってきた

語です。

　イギリス以外にも、植民地になったことのある国はほとんどが、このような言語的な悲哀を経験しています。イギリス人は今でもあの時代のことを悔しさを覚えていると言われています。

　被占領国家でないのに、現代日本語の外来語氾濫現状は、その当時の英語より激しいかと思われます。言語的には被占領国と言うことができます。終戦（敗戦）から、70年も経っているのに、まだ外来語（英語）は増え続けています。

52. 外来語「エ（エ段）ー」で、「エ（エ段）イ」から来ていない語

　「エ（エ段）＋ ー」の話に戻ります。「エ（エ段）＋ ー」と表記される語は、英語には「エ（エ段）＋ ー」がないので、すべてが「エ（エ段）＋ イ」からの変化形です。外来語で、「エ（エ段）＋ ー」の表記で、「エ（エ段）＋ イ」から来ていない語はあるでしょうか。

　探しました。それぞれ色々な事情があります。

「ベーコン、クレー（射撃）」は英語で「bacon、clay」で発音は、「エ（エ段）＋ イ」です。これらは例外ではないですね。

　「テーマ」（話題）は「thema」で「シーマ」に近い発音なので、「エ（エ段）＋ イ」からの変化形ではないです。しかしこの語はドイツ語「Thema」から英語になった語で、これも例外とは言えませんね。

　「クレープ」（菓子）は「crepe」と書いて英語では「クレイプ」と発音し、元々はフランス語「crepe」で発音は「クレープ」です。日本語「クレープ」は英語「クレイプ」の規則的な

変化形なのか、フランス語「クレープ」から来た直接外来語なのかの2種の可能性があります。

「ソテー」はフランス語「sautee」、発音は「ソテー」で、英語ではないので、例外ではありません。

53.「カレー」「バレー」は？

「カレー」「バレー」(バレーボール)は英語「curry」「volley」から。発音は「カリー」「ボリー」です。「エ(エ段) + イ」からの変化形でなく、他の音からの変化形で、英語の原音「カレー」「バレー」でないので、完全な例外とは言えませんが、一応例外です。その他、「メーター」は英語「ミーター」から来た語です。

ちなみに、ダンスの一種の「バレエ」はフランス語「volley」、発音は「バレ」から来た語です。

54.「日本語には「エ(エ段) + ー」という音はあるが表記はない

「外来語以外の日本語には『エ(エ段) + ー』という音はあるが表記はない。」つまり、「『エ(エ段) + イ』の表記は、『エ(エ段) + ー』と発音する」と「外来語以外の英語には『エー』の音はない」から、少し話がややこしくなりましたが、「英語からの外来語の場合、『エ(エ段) + イ』の発音および表記は『エ(エ段) + ー』になる。」と「日本語から英語にする場合は、『エ(エ段) + ー』の音と表記は『エ(エ段) + イ』になる。」と言うことができます。

55.「ケーチュー」は英語では「keichu」

「ケーチュー」（携帯電話中毒、依存症）という語はボクの造語ですが、英語では「keichu」と表記され「ケイチュ」と発音されます。両語をネットで検索してみて下さい。僕が出てきますよ。また「チュー」の部分の長音記号は英語では表記されません。「モリ、モウリ ／ カト、カトウ ／ イチロ、イチロー」の英語表記は同じになってしまいます。これについては、英語と日本語の「オウ」「オー」についての話題で詳しくお話します。

ちなみに、「スマチュー」（スマートフォン中毒、依存症）も僕の造語です。「ケーチュー」より重症で、患者も多いです。1日8時間以上もスマホをやっている若者が増加し、社会問題になっています。

56.「スマホ」のアクセントは間違い

「スマホ」を「ス」にアクセントを付けて発音すると、若者に笑われます。アクセントなしで発音します。これを「平板アクセント」と言います。しかし、英語の「smartphone」は「sma」にアクセントがあるので、「スマホ」と略しても、「スマ」にアクセントが付くのが普通です。これも言語原則に違反した特権階級の語です。

「アプリ」は英語「application」からの外来語で、「ca」の所にアクセントがあるので、「アプリ」の「ア」にアクセントは付きません。「平板アクセント」で発音するのが正しいですが、実際は「ア」にアクセントを付けています。言語原則違反の語です。「スマホ」と「アプリ」は正しくはアクセントが逆だったのですよ。

57.「アプリ」と「ソフト」

　ちなみに、従来は「アプリ」のことを「ソフト」と言っていました。「ハード」に対する語でした。元々は「アプリケーションソフト」で、略す場合、「ソフト」を残すか、「アプリ」を残すかで闘争があり、従来は「ハード」の助けもあり、「ソフト」が勝ち、今では「ハード」の弱体化もあって、「アプリ」の逆転勝利と言うわけです。

　ただし、専門的には「アプリ」と「ソフト」には微妙な違いがあり、スマホ用は「アプリ」、パソコン用は「ソフト」、「ソフト」の方が「アプリ」より上位(基本)、「ソフト」の方が「アプリ」より意味が広いとか言われていますが、あくまでコトバ生態学の見地から、上記のことが言えるのではないかと思います。

58. サン子(three)チャンの存在感

　3のサン子(three)チャンの存在は、「1」と「2」が特別扱いなのに対し、それらに継ぐ特別扱いです。「1」と「2」を表す語が特別なのは次のような理由です。名詞を単数と複数に分類する場合、「1」が単数、「2」が複数です。つまり単数は「1」だけで、それ以外はすべて、複数です。その親分、代表が「2」なのです。「3」は副親分、副代表です。複数という仲間の大幹部です。

　別格なので言語的にも他の数字のコトバより、不規則性が多いのです。「one、two、three、four」「イチ、ニ、サン、シ」と比較すれば、「one、two」「イチ、ニ」、「one、two、three」「イチ、ニ、サン」はよく使いますね。使用頻度が断然多いのです。

59. 助数詞が絡むと特別なサン子(three)チャン

　サン子(three)チャンは別格ですが、ワン子(one)チャンとツー男（two）くんに比べて別格度は低いことはお分かりですね。しかし、日本語のサン子(three)チャンには、ワン子(one)チャンとツー男（two）くんよりも、珍しい特異性があります。

　日本語の「3、サン」は珍しい現象を持っています。日本語は数えるとき数詞＋助数詞で表現します。助数詞が絡むとサン子(three)チャンが特別な存在になります。「サン」だけ特殊ですね。わかりますか。以下例をあげます。

60.「サンボン」は特別

　まず、「1本、2本、3本、4本、5本、6本、7本、8本、9本、10本」を読んで見ましょう。

　「イッポン、ニホン、サンボン、ヨンホン、ゴホン、ロッポン、ナナ（シチ）ホン、ハッポン、キュウホン、ジッポン」になります。（「ジッポン」を「ジュッポン」と書いてそのように発音する人がいますが、「ジッポン」が正しいですよ。）

　「本」は「ホン」「ポン」「ボン」と3通りの読み方があります。外国人日本語学習者がたいへん苦労する数詞です。日本人でも子供は正確に読めません。女子大生でも、「サンホン」とよく言っていますよ。

　「2、4、5、7、9」の後の助数詞は基本的な読み方「ホン」です。そして、「1、6、8、10」の後の助数詞「ホン」は変化して「ポン」になります。「3」だけが「ボン」です。仲間がいないのです。その他、助数詞「匹」、「票」も同じように変化します。「3」は「2、4、5、7、9」の仲間でも「1、6、8、10」の仲間でもありません。一人ボッチです。それだけ特別待遇と言え

るでしょう。

61.「サンパク」は「1、6、8、10」の仲間

　ところが、「泊」という助数詞が来ると「イッパク、ニハク、サンパク、ヨンハク、ゴハク、ロッパク、ナナ（シチ）ハク、ハッパク、キュウハク、ジッパク」です。

　助数詞「泊」の場合は、「ハク」（「2、4、5、7、9」）と「パク」の仲間に別れ、「3（サンパク）」は「パク」の仲間「1、6、8、10」に入ります。その他、助数詞「班」、「発」、「敗」、「版」、「編」、「箱」、「品」も同じように変化します。

62. 発音変化しない数詞は助数詞を変化させない

　「2、3、4、5、7、9」はそれ自身変化しませんが、「1、6、8、10」の仲間の数詞は「イッ、ロッ、ハッ、ジッ」のように、発音変化します。詰まる音、促音になります。しかも助数詞の発音を「ハク」から「パク」のように変化させます。「3」だけが、「2、4、5、7、9」と同じように自分は変化しないのに、「1、6、8、10」の仲間のように助数詞を変化させるのです。助数詞によって、仲間が変わるなんて、「サン子(three)チャン（3）」しかありませんよ。

63.「3」は「2、4、5、7、9」の仲間

　「2、4、5、7、9」の仲間は発音変化しません。「3」は「サン」の発音が変化することはありません。したがって、「3」は「2、4、5、7、9」の仲間です。つまり、助数詞の発音を変化させる点では、「1、6、8、10」の仲間に入り、数詞自身の発音変化では、「2、4、5、7、9」の仲間です。2つのグループに出

たり、入ったりする珍しい特徴を持っているのです。

　すべての助数詞が変化するわけではないので、助数詞全体を分類する必要があります。

64.「ホン」「ポン」「ボン」

　もう一度「本」の読み方を復習します。「ホン」は次のように「ホン」「ポン」「ボン」と変化します。

　「イッポン、ニホン、サンボン、ヨンホン、ゴホン、ロッポン、ナナ（シチ）ホン、ハッポン、キュウホン、ジッポン」

　「1、6、8、10」は「イチ」「ロク」「ハチ」「ジュウ」が「イッ」「ロッ」「ハッ」「ジッ」のように数詞自身の発音が変化します。「2、3、4、5、7、9」は発音が変化しません。そして「1、6、8、10」は助数詞の「ホン」を「ポン」に変化させます。「2、3、4、5、7、9」はそれ自身の発音が変化しません。しかしこの中で、「3」だけが「ホン」を「ボン」に変化させます。そして、さらにさらに、「3」だけが「ホン」を「ボン」に変化させるのです。

　数詞自身が変化しないのに助数詞を変化させるのは「サンボン」だけです。

　さらに「泊」の場合、「サンパク」だけが数詞自身が変化しないのに、「ハク」から「パク」に変化します。1、6、8、10の数詞は自身が発音変化し、助数詞も「ハク」から「パク」に変化します。サン子チャンの特異性が現れています。

65.「3階」だけ「ガイ」

　サン子チャンについては、もっとすごいことありますよ。助数詞「階」がつくと、「イッカイ、ニカイ、サンガイ、ヨンカ

イ、ゴカイ、ロッカイ、ナナ（シチ）カイ、ハッカイ、キュウカイ、ジッカイ」のように、サン子チャンだけが、「ガイ」と変化しますが、それ以外はすべて無変化の「カイ」です。「『ン』が付くと『ガイ』に変化する」という仮説を想定しても、説明できません。というのは、「ヨン」も「ン」が付いていて、同じ環境ですが、変化していません。

66.「3回」は「カイ」

さらに、助数詞「回」の場合、「イッカイ、ニカイ、サンカイ、ヨンカイ、ゴカイ、ロッカイ、ナナ（シチ）カイ、ハッカイ、キュウカイ、ジッカイ」のように、サン子チャンでも「カイ」です。

実はこのように、発音は同じでも、サン子チャンだけ変化する助数詞と、しない助数詞があります。「階」の仲間、つまり「ガイ」のように変化する助数詞は、「千」「足」「羽」などです。

67.「サンゼン」と「サンセン」

そしてこの中でも「階」と「回」（「サンガイ」と「サンカイ」）と同じ関係の助数詞が「千」と「銭」です。これらは単位を表す語ですが、助数詞に含めることにします。「千」は「ニセン、サンゼン、ヨンセン、ゴセン、ロクセン、ナナセン、ハッセン、キュウセン」、「銭」は「イッセン、ニセン、サンセン、ヨンセン、ゴセン、ロクセン、ナナセン、ハッセン、キュウセン、ジッセン」のように読みます。「千」はサン子ちゃんだけが「ゼン」に変化しますが、「銭」は「セン」のままです。

68. 隠されていた事実

「千」は「ニセン、サンゼン、ヨンセン、ゴセン、ロクセン、ナナセン、ハッセン、キュウセン」、「銭」は「イッセン、ニセン、サンセン、ヨンセン、ゴセン、ロクセン、ナナセン、ハッセン、キュウセン、ジッセン」のように読みます。「千」はサン子ちゃんだけが「ゼン」に変化しますが、「銭」は「セン」のままです。

この中に興味深い事実が隠されています。「ロクセン」です。

69. 「ロク」の秘密、サン子ちゃんの親戚

「ロク」は変化数詞（数詞自身が変化する数詞）で、「1、6、8、10」がその仲間ですが、「イッセン、ロクセン、ハッセン、ジッセン」では「ロクセンになっていて、「2、3、4、5、7、9」（不変化数詞）の仲間になっています。

実は、「6」は変化数詞（「1、6、8、10」）に属しますが、「冊、策、席、隻、食、色、曹」などの「サ行」で始まる助数詞の前では、「2、3、4、5、7、9」（不変化数詞）の仲間になり、「ロッ」でなく「ロク」になるのです。「6」は「2、3、4、5、7、9」の仲間と「1、8、10」の仲間の間を入ったり出たりするのです。これは、「3」が「それ自身が変化しない仲間」（不変化数詞）「2、4、5、7、9」と「助数詞を変化させる数詞」（「1、6、8、10」）の間を出たり入ったりするのとよく似ています。

「6」は「3」の倍数で、サン子ちゃんの友達なのです。「むっつ」と「みっつ」だけがマ行という事実については、既にお話ししました。

70. 2倍同音関係

　日本語数詞には秘密がありました。「ひとつ、ふたつ、みっつ、よっつ、いつつ、むっつ、ななつ、やっつ、ここのつ、とう」で、「ひとつ、ふたつ」（ハ行）、「みっつ、むっつ」（マ行）、「よっつ、やっつ」（ヤ行）は2倍の関係になっていて、「ひとつ、ふたつ」は恋人、「みっつ、むっつ」、「よっつ、やっつ」は友達の関係になっています。

71.「いつつ」「とう」の関係は？

　「いつつ、とう」は2倍ですが、上記のような音関係は見当たりません。しかしよく見てください。「とう」には「つ」が付いていませんが、その代わりに、「いつつ」には「つ」がふたつも付いているのではありませんか。「みっつ、よっつ、むっつ、やっつ」も「つ」がふたつ付いているようにみえますが、「っ」（小文字）は「つ」（大文字）と無関係の音である促音です。文字が似ているだけです。

72.「つ」をプレゼント？

　ということは、「とう」だけが「つ」が付かなくて、「いつつ」だけに「つ」がふたつ付く特別な関係になります。
「ワン子（one）ちゃんとツー男（two）くんは大の仲良し（wのプレゼント）仲が良いから（ラブラブだから）、one は w がないのに、w を発音し、two は w があるのに、w を発音しない。one は w を two にプレゼントした。」と大変良く似た関係になります。

　それで、「『いつつ』『とう』は2倍関係で、たいへん仲が良いから、『とう』は『いつつ』に『つ』」をプレゼントした。」

と言うことができます。それで、「いつつ」「とう」は「みっつ、むっつ」、「よっつ、やっつ」の友達関係より個性的な友達関係と言うことができます。

73.「十」さんは「？」さん？

「十」という苗字の人がいますが、なんと読むかわかりますか。なんと、「とう」だけ「つ」が付かないので「つなし」さんです。じゃあ「五」さんは？「ひー、ふー、みー、よー、いつ、むー、なな、やー、ここ、とー」にすると、「いつ」だけ「つ」が付いているので、「つあり」、「いつつ」だけ「つ」がふたつ付いているので、「つふたつ」だと推理できますが、まだ確認していません。皆さんそのような苗字の人おられたら、是非教えて下さい。ちなみに、よく似た発想の苗字があります。「一」さんは「にのまえ」さんです。

74.「サンゼン」と「サンセン」

「千」と「銭」に関しては次のように、すでにお話しました。「千」は「ニセン、サンゼン、ヨンセン、ゴセン、ロクセン、ナナセン、ハッセン、キュウセン」、「銭」は「イッセン、ニセン、サンセン、ヨンセン、ゴセン、ロクセン、ナナセン、ハッセン、キュウセン、ジッセン」のように読みます。「千」はサン子ちゃんだけが「ゼン」に変化しますが、「銭」は「セン」のままです。

75.「1銭」はいいのに「1千」はダメ

「千」と「銭」には、その他のちょっとした違いがあります。「千」には「イッセン」「ジッセン」がありませんが、「銭」に

はあります。ちなみに、「十、百、千」には「イチ」や「イッ」が付きませんが、「一万、一億」は「イチマン、イチオク」のように「イチ」が付きます。これは「銭」と同じです。「銭」と「万」、「億」は意外に仲がいいですね。

　ところが、「千」の場合「イッセン」とは言わないけれど、「一千万」「一千億」のように、「万」「億」が付くと文法的になります。「一十万、一百万」とは言いません。不思議ですね。

76.「ヨエン」と「ヨンジュウエン」

　「2千、3千、4千、、、、、」にはさらに「円」という助数詞が付きますが、「2銭3銭4銭、、、、、」には付きません。実は「円」は「銭」と同じ種類の単位を表す助数詞なのです。「一千万円」は数詞「一」に三種の助数詞「千」「万」「円」が付いた表現です。

　「円」は「イチエン、ニエン、サンエン、ヨエン、ゴエン、ロクエン、ナナエン、ハチエン、キュウエン、ジュウエン」のように「イチエン」と「ジュウエン」があるので、「銭」と「万、億」の仲間です。

　さらに「ヨンジュウエン、ヨンヒャクエン、ヨンセンエン、ヨンマンエン、ヨンオクエン」なのに、「ヨンエン」と言わずに「ヨエン」というのも不思議です。他の数詞は「ニエン、ニジュウエン、ニヒャクエン、ニセンエン、ニマンエン、ニオクエン」のように、すべて同じです。

77.「ヨエン」と「ナナエン」だけが和数字系

　すでにこのコーナーの第12回、第13回でお話ししたように、日本語の数詞には、和数詞（ひとつ、ふたつ、みっつ、よっつ、

いつつ、むっつ、ななつ、やっつ、ここのつ、とう）と漢数詞（いち、に、さん、し、ご、ろく、しち、はち、く（きゅう）、じゅう）がありますが、「イチエン、ニエン、サンエン、ヨエン、ゴエン、ロクエン、ナナエン、ハチエン、キュウエン、ジュウエン」のように、「ヨエン、ナナエン」だけは和数詞から来ています。しかも「ヨンエン」と言わずに「ヨエン」というのは、「4」だけです。

　ちょっと、想像してみて下さい。他の皆が洋服を着て来たのに、「4」と「7」だけが和服を着て来たのですよ。目立ちますよね。ひょっとして KY かも。

　まとめると、「イチ、イッ」が付くグループは「円、銭、万、億、千万」で付かないグループは「十、百、千」です。

78. 数詞を音変化から分類

　サン子(three)チャンのことをもっと良く知るために、数詞をその音変化と、助数詞の音変化から、分類しましょう。まず数詞は次の2種類に分類できます。

1. 変化数詞 （1、6、8、10）

　変化助数詞（本、匹、票、泊、班、発、敗、版、編、派、箱、品）が付くと、「イチ」が「イッ」、「ロク」が「ロッ」、「ハチ」が「ハッ」、「ジュウ」が「ジッ」に変化する。助数詞も「ホン、ポン、ボン」のように変化する。

　さらに、不変化助数詞（数詞変化）（期、機、基、騎、回、区、軒、冊、審、寸など）が付くと、数詞が音変化する。しかし、助数詞は変化しない。

　（例外）「6」は助数詞（変化助数詞（数詞変化））のうち「冊、策、席、隻、食、色、曹」などの前では不変化数詞になる。既

にお話したように、「6」は和数詞の「ミー(3)」、「ムー(6)」のように、2倍になっていて、ともにマ行で、サン子(three)チャンとは縁が深い。

2. 不変化数詞（2、3、4、5、7、9）

　助数詞が付いても数詞自身は変化しない。助数詞も変化させない。

　(例外) 不変化数詞のうち、「3」だけは自身は変化しないが、助数詞を変化させる。(階（*回）、千（*銭）、足、羽など) *は発音同じで不変化。

79. 助数詞の種類

　助数詞は助数詞と数詞の音変化から、次のように大きく2種に分類できます。

1. 変化助数詞数詞変化

　変化数詞の後で発音変化する。変化数詞の発音も変化させる。変化助数詞数詞変化にはさらに、次の2種類あります。

　1.1　3段変化助数詞数詞変化（本、匹、票）

　「イッポン、ニホン、サンボン」などのように3段変化する。

　(例外) 3段変化助数詞数詞不変化（「3」のみ）

　1.2　2段変化助数詞数詞変化（泊、班、発、敗、版、編、派、箱、品）

　「イッパク、ニハク、サンパク」「イッパン、ニハン、サンパン」などのように2段変化する。

　(例外) 変化助数詞数詞不変化（「3」のみ）

　「イッポン、ニホン、サンボン」「イッパク、ニハク、サンパク」のように、助数詞は変化するが、数詞は変化しない。

2. 不変化助数詞

音変化しない助数詞。不変化助数詞にはさらに、次の2種に分類できます。

2.1 不変化助数詞数詞変化（期、機、基、騎、回、区、軒、冊、審、寸など多数）

助数詞自身は変化しないが、「イッキ、ニキ、サンキ、ヨンキ、ロッキ、ナナキ、ハッキ、キュウキ、ジッキ」のように変化数詞を変化させる。

2.2 不変化助数詞数詞不変化（員、円、音、年、名、輪、間、台、行など多数）

助数詞自身は変化しないし、数詞を変化させない。

（例外）不変化助数詞のうち、（階（*回）、千（*銭）、足、羽など）のように、「3」の後だけで音変化する。

80.「サン子(three)チャンの特権階級」のまとめ

「サン子(three)チャンのわがまま」をまとめるのと、次のようになります。

1. 不変化数詞（2、3、4、5、7、9）は助数詞が付いても数詞自身は変化しない。助数詞も変化させない。しかし不変化数詞のうち、「3」だけは自身は変化しないが、助数詞を変化させ、変化数詞の仲間に入る。

2. 不変化助数詞のうち、（階、千、足、羽など）のように、「3」の後だけで音変化する。しかも「階、千」と同じ音なのに「回、銭」は「サンガイ、サンゼン」でなく、「サンカイ、サンセン」になる。

3. 3段変化助数詞（本、匹、票）のうち、「イッポン、ニホン、サンボン」などのように「3」だけ「ボン」になる。

4. 2段変化助数詞（泊、班、発、など）のうち、不変化数詞

の「3」だけが「イッパク、ニハク、サンパク」のように助数詞を変化させ、変化助数詞の仲間になる。
5.「3」の親戚の「6」は助数詞（変化助数詞（数詞変化））のうち「冊、策、席、隻、食、色、曹」などの前では、「ロッサツ、ナナサツ、ハッサツ」にならなくて、「ロクサツ、ナナサツ、ハッサツ」のように、不変化数詞と同じになる。

81.「サン子(three)チャン」と「ワン子(one)チャン」

どうです。「サン子(three)チャン」の特権階級ぶりは「ワン子(one)チャンとツー男（two）くん」の特権階級ぶりに引けを取らないことがお分かりでしょう。まさに「ツー男（two）くん」をはさんでの「ワン子（one）チャン」のライバルになりそうですね。三角関係とまではならないでしょうが。

名詞には単数と複数があり、単数は「ワン子（one）チャン」だけで、その他はすべて複数で、その代表が「ツー男（two）くん」です。「サン子(three)チャン」はそれに次ぐ副代表です。そのように考えると、「ワン子（one）チャン」は特権階級にいる「サン子(three)チャン」よりさらにずっと上にいる存在にいることになります。

数詞の社会も格差社会なのでしょうか。

82. その他の数詞もそれぞれ個性的

その他の数詞の特異性をまとめましょう。結構個性的ですよ。
1.「4」は読み方が最も多い。「4（よん）個」「4（よっ）日」「4（よ）年」「4（し）月」「四（よつ）足」のように5種類存在する。「444年4月24日4時4分44秒」の読み方は外国人日本語学習者にはたいへんでしょうね。

2.「5」は「いつつ」だけ「つ」が2つ付く。ちなみに2倍の「10」だけ「とう」のように「つ」がない。「つなし」と読む場合がある。

3.「6」は変化数詞なのに、「冊、策、席、隻、食、色、曹」などの「サ行」で始まる助数詞の前では、「2、3、4、5、7、9」（不変化数詞）の仲間になり、「ロッ」でなく「ロク」になる。

4.「7」に関しては、「ヨン、ナナ」のように「4」「7」だけが和数詞。普通は不変化数詞だが、「七宝」の場合は「シッポウ」と変化数詞のようになる。

5.「8」はあまり特異性がないけれど、しいてあげれば、日にち名。「ヒトツ、フタツ、ミッツ、ヨッツ、イツツ、ムッツ、ナナツ、ヤッツ、ココノツ、トウ」と日にち名「ツイタチ、フツカ、ミッカ、ヨッカ、イツカ、ムイカ、ナノカ、ヨウカ、ココノカ、トウカ」比べてみると、「ツイタチ」「ヨウカ」だけが「ヒトカ」「ヤッカ」にならずに、最初の音が変化する。「ヨッカ（4日）」「ヨウカ（8日）」は聞き間違え易い。

6.「9」だけは「キュウ」「ク」のように漢数字が2種ある。和数詞は「ココ」「ココノツ」。「1999年9月9日9時9分9秒」の読み方も難しいですね。

7.「10」だけ「とう」のように「つ」がない。親戚の「5」に「つ」をプレゼントしたので、「5」だけ「いつつ」のように「つ」が2つある。「つなし」と読む場合がある。

83.「カタカナ亡国論」

この章で特に強調したかったことの話題名を再度揚げると、「カタカナ復権」「カタカナは『外来語専用文字』」「英語にも外来語隆盛の屈辱時代が」です。

カタカナが蔓延している現代日本、実は外来語専用文字、カタカナの隆盛が原因なのです。ボクはこの現象を批難するため、「カタカナ亡国論」という表現を作りました。「外来語を減らそう」そのためには「カタカナを捨てよう」が標語です。

　日本語は語彙が豊富です。海外の物、事情、思想、習慣など十分表現することができます。中国からの文化などを日本語で吸収していました。文字なども取り入れています。母語で外国文化を吸収するというのが、日本（語）の古くからの伝統でした。

　大学では、日本語で授業をやっています。インド、フィリピンなどアジア諸国、中東諸国、などでは母語で大学授業できないので、やむを得ず英語でしています。学問を母語で表現できないからです。母語の研究書もありません。

　現代日本語の外来語氾濫現状は、非征服時代の英語より激しいかと思われます。言語的には被占領国と言うことができます。終戦（敗戦）から、70年も経っているのに、まだ外来語（英語）は増え続けています。

第8章 真相8：(真相の真相)

「『(真相の真相) ワン子 (one) チャンとツー男 (two) くんは大の仲良し』の真相の真相」

真相8

「サン子(three)チャン」の話から、色々な話題に広がりましたが、本章では「『(真相の真相) ワン子 (one) チャンとツー男 (two) くんは大の仲良し』の真相の真相」の話です。

証拠1から証拠7までと、それぞれの真相をお話してきましたが、実は全体を通しての真相があります。

2.7つの証拠

7つの証拠をおさらいしましょう。詳しくはそれぞれの話題コーナーをご覧下さい。

1. (wのプレゼント) 英数詞で「one」は「w」がないのに、「w」を発音し、「two」は「w」があるのに、「w」を発音しない。「one」は「w」を「two」にプレゼントした。
2. (和漢戦争) 助数詞で「ひとり、ふたり」だけに「り」が付

く。

3.（teen 仲間）英数詞で「eleven、twelve」だけは、「-teen」が付かない。

4.（しかとされっ子）英語の月名「January（1月）、February（2月）」だけ語尾が「-uary」が付く。

5.（h音仲間）「ひー、ふー」だけが「ハ行（h）」で始まる。

6.（1語仲間）「once、twice」だけが1語で、他は2語。「times」が付かない。

7.（サン子(three)チャン）「first、second、third」だけは「-th」が付かない。ただしサン子(three)チャンの存在は何？

　これらのうち、4.（しかとされっ子）と5.（h音仲間）だけは事情が少し違いますが、他はすべて共通の真相があります。それぞれの箇所で、少しずつ触れましたので、もうお気付かれのことと思います。

3.「ワン子ちゃん」は特別

　「特権階級」、「特別扱い」、「別格」のようなコトバでお話ししました。実は「使用頻度は原則を破る」のです。「ワン子ちゃん（1、oneの系列）」は他のコトバ」と比較すると「特別」なのです。「ゼロ」が「無」を表すのに対し、「ワン子ちゃん」は存在そのものを表します。存在してからその数を認識します。存在はコトバの基本の基本です。それを「ワン子ちゃん」が表現するのです。

4. 単数と複数

　文法では、「単数」「複数」の規則がありますが、言語によっては文法的に重要な規則になっているのか、あまり重要ではな

いかはそれぞれです。英語を含むヨーロッパ言語は、重要な扱いですが、日本語にとってはあまり重要ではありません。

日本語では「人々、木々、国々、学生達、私共」のように複数表現がありますが、文法上ではあまり影響力はありません。

5.「子」+「ども」+「達」

ちなみに「子ども、友達」はもともとは複数表現でしたが、「一人の子ども、一人の友だち」という表現が正用になり、「子ども達、友だち達」のようにさらに複数語尾を付けるようになりました。つまり、「子（単数）」+「ども（複数語尾）」+「達（複数語尾）」、「友」+「だち」+「達」のようになっています。これを文法用語では「二重複数」と言います。英語でも、「子」は「child（単数）」+「re（複数語尾）」+「n（複数語尾）」という複数語尾が二つ付いています。「子」を意味する語に対して日英が同じということはまったくの偶然です。日英とも「子」が大切、特別なものということは同じことかもしれません。ちなみに、「friend（単数）」に対する「friends（複数）」は二重複数ではありません。英語「friend」より日本語「友」の方が重要視されています。日本の「友情」は英語系の国より強いかも。

6.「ツー男くん」は複数の代表

「数」を「単数」「複数」に分けるということは、物事や概念を「一つ（存在）」か「それ以上」かに区別することです。「ツー男くん（2、two の系列）」は「ワン子ちゃん以外」「それ以上の数」の代表なのです。

「複数の代表」と言うことができます。存在そのものを表す、

「ワン子ちゃん」と「複数の代表」である「ツー男くん」は、コトバ学的には完全に「別格」のコトバです。当然使用頻度が高く、多くの状況で原則無視をします。

　お互い「特権階級」なので、特別に仲が良いのです。同じ階級に属しているので、話が合うし、行動も、考え方も似ているのでしょう。

　「コトバ生態学」はそのような観点から、コトバを観察、分析、考察していこうという「コトバ学」なのです。

7.「特権階級」の話

　証拠1から証拠7までと、それぞれの真相をお話してきましたが、実は全体を通しての真相があります。「特権階級」、「特別扱い」、「別格」の話です。「特権階級」に属しているコトバは「ワン子チャン（one）とツー男くん（two）」と同様にコトバの原則に従いません。つまり、原則を破るコトバが「特権階級」のコトバと言うことができます。

8. 英語の「特権階級」コトバ達

　英語動詞は活用変化します。現在形（原形）、過去形、過去分詞、現在分詞のように、4種の変化形があります。現在分詞以外の過去形、過去分詞は現在形の語尾に「-ed」か「-d」を付けて規則的変化します。このタイプの動詞を「規則動詞」と呼びます。

　一方、語尾が不規則に変化する動詞もあり、それらを「不規則動詞」と呼びます。不規則動詞は過去形と過去分詞の形によって5種に分けることができます。規則動詞を加えると次の6種あります。

9.6 種の活用変化

1. 規則動詞（現在形に -ed か -d が付く）

answer	answered	anwered	答える
ask	asked	asked	たずねる
talk	talked	talked	話す
walk	walked	walked	歩く
work	worked	worked	働く

2. 不規則動詞　A-B-B 型　（過去形と過去分詞が同じ形）

find	found	found	見つける
hear	heard	heard	聞こえる
keep	kept	kept	保つ
leave	left	left	立ち去る
make	made	made	作る
meet	met	met	会う
say	said	said	言う
sit	sat	sat	座る
sleep	slept	slept	眠る
stand	stood	stood	立つ
tell	told	told	話す

3. 不規則動詞　A-B-C 型　（原形、過去、過去分詞が全て異なる形）

begin	began	begun	始まる
break	broke	broken	壊す
drink	drank	drunk	飲む
eat	ate	eaten	食べる
give	gave	given	与える
know	knew	known	知っている

see	saw	seen	見える
speak	spoke	spoken	しゃべる
take	took	taken	取る
write	wrote	written	書く

4. 不規則動詞　A-A-A 型　（原形、過去形、過去分詞が全て同じ形）

cut	cut	cut	切る
hit	hit	hit	叩く
let	let	let	させる
put	put	put	置く
read	read	read	読む
set	set	set	置く

5. 不規則動詞　A-B-A 型　（原形と過去分詞が同じ形）

become	became	become	なる
come	came	come	来る
run	ran	run	走る

6. 不規則動詞　「特権階級」型

be/is am	was	been	ーである
be/are	were	been	ーである
go	went	gone	行く

10. 数字が大きくなるほど特権階級

　1から6になるほど不規則の度合いが大きくなります。6がもっとも典型的な特権階級の動詞です。つまり規則動詞との離れ度合いが大きいほど、不規則程度が大きいほど、特別なコトバ、特権階級的なコトバと考えます。

　「2.不規則動詞　A-B-B 型」は「-ed」か「-d」は付いてい

ませんが、規則動詞に最も近いですね。「3. 不規則動詞　A-B-C型」のようにすべて異なる形の珍しさは「6. 不規則動詞『特権階級』型」に匹敵すると思われますが、「4. 不規則動詞A-A-A型」の方がより「特権階級」に近いです。

　4はすべてが同じ形なのは珍しいですよね。このために文脈によっては、現在形なのか過去形か過去分詞なのかが、わかりづらい場合もあります。でも「5. 不規則動詞　A-B-A型」の方が特権階級により近いのです。というのは、過去分詞形が原形と同じなのです。しかももっと大きな理由は、4に入る動詞はこれ以外にも多くありますが、5はこの3語しかないのです。

　英語の話をあまり聞きたくない人、もう少し我慢して下さい。実はボクは英語学が専門です。「6. 不規則動詞『特権階級』型」は特異ですね。「am、is、are」は珍しいです。他の動詞より完全に目立っています。それで次回は「6. 不規則動詞「特権階級」型」について詳しくお話します。

11.「特権階級」語、be 動詞

　「特権階級」に属している「ワン子チャン (one) とツー男くん (two)」以外の「特権階級」語の話の続きです。まず、「『特権階級』型」を見てみましょう。

　6. 不規則動詞　「特権階級」型

原形	現在	過去	過去分詞	現在分詞
be	am	was	been	being
be	are	were	been	being
be	is	was	been	being
go	go	went	gone	going

　be 動詞は「別格」ですね。他の動詞とまったく異なる活用

変化します。

12.「別格」理由
　「別格」理由は以下のようです。
1. 原形と現在形が異なるのは、be動詞のみ。
2. 他の動詞は3人称単数現在で「s、-es」が付くが、be動詞では「is」になる。ちなみに「have」は「has」になる。1人称、2人称は「am、are」のように、be動詞のみ、それぞれ異なる形になる。
3. 原形、過去分詞形、現在分詞形は同じ語源から来ていることは、わかりますが、現在形、過去形はまったく別の語から来ています。現在形の「am、are、is」はそれぞれ別の語から来ていて、しかも別の言語からで、入ってきた時代も異なります。

13. 否定略形
4. notの付いた省略形は「aren't」「isn't」「wasn't」「weren't」になりますが、「am not」だけは「amn't」ではなく、「ain't」です。発音しずらいことと使用頻度が大きな理由です。
　ちなみに、否定略形には主語とくっつける形もあります。「That's not、You're not、I'm not」です。「That isn't、You aren't、I ain't」より否定の意味が強くなります。「It wasn't」に相当する表現はありません。つまり「was」には主語に付く略形がないのです。

14. 使用頻度が高い理由
　be動詞には、その意味（「である」「ある」）だけでも、使用

頻度が他の動詞と比較して高いですが、意味以外にも使用頻度が高い理由があります。色々な機能を持っているからです。

5.「be＋ing（現在分詞）」で進行形になります。さらに「be＋過去分詞」で受動態にもなります。

　皆さん、英語の本を1ページでもよいから、「be動詞」を数えてみて下さい。ダントツですよね。

15. 特権階級語「go」

　「特権階級」に属している「ワン子チャン（one）とツー男くん（two）」以外の「特権階級」語の話の続きで「go」の話です。まず、その活用変化を見てみましょう

　6.不規則動詞　　「特権階級」型
現在　過去　過去分詞　現在分詞
go　　went　gone　　going

　過去形の「went」は何でしょうか。実はこれだけ語源が異なります。「wend（現在形）」の過去形です。現代英語にも存在しています。意味は「go」とほぼ同じで、現代英語ではあまり使われませんが、昔はよく使われました。活用は次のようです。
wend　　went　　went　　wending

　この過去形が「go」の過去形に入ってきたのです。

16. 激しいバトル

1. go　　goed（仮綴り）gone　　going
2. wend　went　　　　　went　　wending

　1と2の激しいバトルが起こりました。（「goed」は綴りがはっきりしていないので、「仮綴り」にしておきます。）

1.第1試合　現在（goとwend）：「go」勝利

2. 第2試合　過去（goedとwent）：「went」勝利
3. 第3試合　過去分詞（goneとwent）：「gone」勝利
4. 第4試合　現在分詞（goingとwending）：「going」勝利

　結果は「goの3勝1敗」でした。こんなことが起きるのは使用頻度が高いからです。活用変化に他の語系の語が入り込んでくることは、be動詞以外では考えられないことです。

　決着がつくまでは、両方使われていました。時期、地域、年齢、性別、個人によってそれぞれの優劣が異なっていたでしょう。場合によっては、同じ人が、両方使っていたことも考えられます。

17. 和漢戦争勝敗表

　このことは既にお話した「和漢戦争」を思い出して下さい。（第2章3.和漢戦争）助数詞の場合、「り」が和語助数詞、「にん」が漢語助数詞です。○は和数詞と和語助数詞の勝ち、×は負けです。言い換えれば、○は和数詞、和語助数詞、の勝ち、×は漢数詞、漢語助数詞です。和漢数詞が10試合、和漢助数詞が10試合あるので、20試合あります。

　○ひと○り、○ふた○り、×さん×にん、○よ×にん、×ご×にん、×ろく×にん、×しち（○なな）×にん、×はち×にん、×きゅう（×く）×にん、×じゅう×にん

　その勝敗結果について、和数詞、漢数詞、和語助数詞「り」、漢語助数詞「にん」で20戦あり、勝敗結果は和語の5勝14敗1分けです。

18.「go」の特異性（現在完了形「経験」）

　「go」と「be」動詞だけが「6.不規則動詞　「特権階級」型」

に入っています。なので、たいへん仲が良いです。それで、be動詞とは「秘密の関係」があります。

「I go there.」を現在完了形にすると、「I have gone there.」になるはずですが、そのような表現はありません。「I have been there.」になります。で、その意味は、現在完了形の「経験」に分類され、「私はそこに行ったことがあります。」です。もし「I have gone there.」という表現なら、「完了」の意味になり、「私はそこに行ってしまって、今ここにいない。」という意味で、いない人は発言不可能なので、不適切な文になるのです。

主語が2人称でもアウトですが、3人称なら可能です。「He has gone there.（彼はそこに行ってしまって、今いない。）」「He has been there.（彼はそこに行ったことがある。）」

「秘密の関係」とは「『go』の現在形が『経験』を表す場合、『gone』ではなく『been』になる。」ということです。

19. 特権階級語、「go」の友だち「come」

「go」の友だち「come」も特権階級に近い語です。6種の動詞活用変化の第5種に属しています。以下のようです。

5. 不規則動詞　A-B-A 型　（原形と過去分詞が同じ形）

become	became	become	なる
come	came	come	来る
run	ran	run	走る

この種に属す動詞は3語しかありません。ほとんど特権階級と言っても良いでしょう。

20. 動詞1組から6組

動詞をその活用変化型から分類すると、1.規則動詞型から、

6.「不規則動詞「特権階級」型」まで6種あることはすでにお話しました。これらを学校のクラス、1組から6組として考えるとわかりすいですね。次のように言うことができます。

21. 5組と6組は特別少人数クラス

「go」と「be動詞」だけが「6組不規則動詞『特権階級』型」に入っています。このクラスは少人数で、2名しか生徒はいません。たいへん仲が良いことは言うまでもありません。すでにお話ししたように「go」は「be動詞」と「秘密の関係」を持っています。

また隣のクラス（5組 不規則動詞 A-B-A型（原形と過去分詞が同じ形））も少人数クラスで3名しかいません。「准特権階級クラス」です。隣のクラスの「6組不規則動詞「特権階級」クラス」とも仲が良く、特別な関係があります。皆さんお気づきですね。なんと5組の「become」は6組の「be」と5組の「come」がくっついたコトバなのです。

22. 5組の「come」は6組の「go」と対のコトバ

さらにさらに、5組の「come（来る）」は6組の「go（行く）」とは対のコトバつまり恋人同士です。おさらいしましょう。6組の「be」と「go」は同級生で『秘密の関係（完了形時）』があり、5組の「come」と6組の「go」とは反対語（恋人関係）で、5組の「become」は、同級生の「come」と6組の「be」をプラスした顔をしています。

23. 4組「不規則動詞　A-A-A型」

4組の「不規則動詞　A-A-A型（cut、cut、cut）」は外見上

はたいへん珍しく、その顔は目立ちます。というのは、原形、過去形、過去分詞が全て同じ形なのです。実際英文に現れると、その顔、外見が三つ子のように同じなので迷ってしまいます。

24. 不規則動詞は規則動詞よりは特権階級

しかし5組ほど特権階級に近くないのは、その数が結構多いことです。でも不規則動詞である（原形、過去、過去分詞が全て異なる形の）3組「不規則動詞 A-B-C 型（begin、began、begun）」や、2組「不規則動詞 A-B-B 型（過去形と過去分詞が同じ形）（find、found、found）は、1組「規則動詞」と比較すれば、特権階級です。1組は大人数で、一般大衆です。規則的に行動します。2、3、4、5、6組が特権階級で、その頂点にいるのが、6組の「go」と「be」だけの「不規則動詞『特権階級』型」です。クラスは同じですが、本当の頂点は「be」ですね。

25. 自然界のおきて

「使用頻度は規則を破る」「使用頻度が特権階級を作る」「特権階級は規則に従わない」のがコトバ生態学の大原則です。人間世界ではあってはならないことですが、少なからず存在しますし、国別、時代によっては存在が当たり前でした。人間社会は法律、規則を作り、平等を構築する努力をしているので、規則を守るようになってきています。

しかしコトバは一般生物のように自然に成り立っているので、「弱肉強食」が自然界の原則です。つまり「強いものは規則を破る、従わない」ことが自然なのです。コトバも自然界に似ています。しかし人間が使うので、本当の自然界より、人間

臭くなっています。自然界と人間社会の中間と言えるでしょうね。これこそ「コトバ生態学」なのです。

「6組不規則動詞『特権階級』型」の「go、went、gone」のような特権階級クラスのことをお話しすれば、形容詞の比較変化「bad、worse、worst」を思い浮かべた人もいるかと思います。「bad」だけ綴りが違います。

26. 形容詞の比較変化

英語の形容詞は動詞と同じように、「tall（背が高い）、taller（より高い）、tallest（もっとも高い）」と比較変化します。動詞の活用変化と同じように、比較変化から、形容詞をクラス分けしてみましょう。1組がもっとも一般人的なコトバクラスで、6組に近づくほど、特別学級、特権階級度が高くなります。以下のようになります。大きく分ければ1組と2組が一般大衆で、3組から特権階級になり数が限定されます。

1組　規則的比較変化（-er、-est を付けるもの）「tall」など
2組　規則的比較変化（more、most を付けるもの）「beautiful」など
3組　不規則的比較変化（ほぼ規則変化、比較級、最上級が2種あるもの）「late」など
4組　不規則的比較変化（ほぼ規則変化、最上級が2種あるもの）「next」
5組　不規則的比較変化（不規則変化、劣等比較）「little」
6組　不規則的比較変化（原級が2種あるもの、別機能を持つ）「many」
7組　不規則的な比較変化（語源が異なり原級が2種あるもの）

「good、bad」

以下クラスごとに説明していきます。

27. 1組　規則的比較変化（-er、-est を付けるもの）「tall」など

このクラスには、「tall、taller、tallest」や「small、smaller、smallest」など多くの形容詞、副詞が入ります。

しかし、[fine、finer、finest] や「noble、nobler、noblest」などのように語尾に「e」が付く場合、e を取って「er、est」を付けます。

さらに「big、bigger、biggest」や「hot、hotter、hottest」などのように「短母音＋単子音字」の場合、最後の子音字を重ねて「er、est」を付けます。

「pretty、prettier、prettiest」や「early、earlier、earliest」などのように、語尾が「子音字＋y」の場合、y を i にかえて「er、est」を付けます。これらの規則は規則動詞もほぼ同じです。

28. 2組　規則的比較変化（more、most を付けるもの）「beautiful」など

このクラスには、「useful、more useful、most useful」や「famous、more famous、most famous」などのように、原級に「more、most」を付けます。

1組の規則変化のように、語尾の変化（屈折）による比較変化を「屈折比較変化（Inflexional Comparison）」と呼び、2組の「more、most」を付ける比較変化を「迂言比較変化（Periphrastic Comparison）」と呼んでいます。2語になるの

はこのクラスだけです。見た目ではこのクラスの子が最も目立ちますが、規則的な語なので数も多いのです。特権階級とはほど遠い、一般庶民に属します。

　比較変化を 1 語表現（「屈折比較変化（Inflexional Comparison）」）と 2 語表現（「迂言比較変化（Periphrastic Comparison）」）で分類すれば、他の 6 組すべてのクラスが 1 語表現でこの 3 組だけが 2 語表現なので、この意味では特権階級ですが、規則的変化なので大人数です。

　語尾が「-ful、-less、-ive、-ing、-able、-ous」などの 2 音節語および 3 音節以上の語がこのクラスに入ります。初級英語では「長い語、文字数が多い語がこのクラスに入る」と教えます。

29.3 組　不規則的比較変化（ほぼ規則変化、比較級、最上級が 2 種あるもの）「late」など

　1 組、2 組が規則的な比較変化なので、上記 3 組から 7 組までまとめて、3 組にすれば、数的にはバランスが取れます。ここでは、極端な少人数クラスになりますが、バランスを無視して、細かく分けることにします。

　このクラスは、「old、older (elder)、oldest (eldest)」、「late、later (latter)、latest (last)」、「far、farther (further)、farthest (furthest)」の 3 語だけです。比較級と最上級が 2 種あるという珍しいコトバです。原級「old、late、far」の意味が 2 種あるので、原級は 1 種だけですが、それぞれの意味で原級、最上級が 2 種ずつに分けられました。語形は少しの変化がありますが、ほぼ 1 組の規則変化と同じです。

30.4組　不規則的比較変化（ほぼ規則変化、最上級が2種あるもの）「next」

このクラスは「ボッチクラス」で、1語しかありません。「near、nearer、nearest (next)」です。最上級の「next」独立した語だと感じられますが、元々は「near」の最上級なのです。「next」以外は外形的には1組の規則変化と同じです。

31.5組　不規則的比較変化（不規則変化、劣等比較）「little」

このクラスも「ボッチクラス」で、1語しかありません。「little、less、least」です。語源は似ていますが、「-er、-est」が付かないので、不規則変化です。

さらに、このクラスの比較級「less」、最上級「least」は本来の意味の「より小さい、より少ない」「もっとも小さい、もっともより少ない」以外の特別な機能があります。それは「2組　規則的な比較変化（more、most）」の反対の意味を付加する機能です。

「useful、more useful、most useful」や「famous、more famous、most famous」などのように、原級に「more、most」を付けるように、「useful、less useful、least useful」や「famous、less famous、least famous」などのように、原級に「less、least」を付けて、「より役に立たない、もっとも役に立たない」、「より有名でない、もっとも有名でない」と言う否定的な意味になります。

文法的には「迂言比較変化（Periphrastic Comparison）」は2組と同じですが、否定的な意味になるので、「劣等比較変化」と呼ばれます。

32. 6組　不規則的比較変化（原級が2種あるもの、別機能を持つ）「many」

このクラスも「ボッチクラス」で、1語しかありません。「many (much)、more、most」です。語源は似ていますが、「-er、-est」が付かないので、不規則変化です。「many」は「数が多い」、「much」は「量が多い」を意味します。この意味以外に特別の機能を持っています。

「2組　規則的比較変化(more、most を付けるもの)beautiful など」で「most famous」などのように、原級に「more、most」を付けます。」と述べたように、2組のコトバと絡んで、規則的変化するのです。だから、特別度の高いクラスに入れました。

33. 7組　不規則的な比較変化（語源が異なり原級が2種あるもの）「good、 bad」

さていよいよ、特権階級の頂点クラスの話です。この話がしたくて、若干長い「比較変化による分類」の話をしたのですよ。「good」「bad」の2語で「good (well)、better、best」「bad (ill)、worse、worst」のように比較変化します。

意味の違いによって原級が2種あります。「good(よい)、well (元気な)」「bad（悪い）、ill（病気）」ですが、比較級、最上級は同じです。この点でも十分、特権階級の資格がありますが、他のクラス語と異なり、綴りが異なります。つまり原級と比較級、最上級の最初の文字がまったく違います。

「good」はインドヨーロッパ語の「bhad」から、「better」は同じくインドヨーロッパ語の「batizor」から「best」は同じく「Betest」から来ました。実は語源が同じなのに、原級「good」の時代における変化が大きかったのです。

「bad」は、18世紀ごろまで「badder,、daddest」という比較級、最上級を持っていたという記録があります。その後、別の語源の「worse、worst」の系列の語に取って代わったのです。すでにお話しした「go、went、gone、going」の成立のための激しいバトルと同じことが、起こったのです。(第8章15.特権階級語「go」をご覧下さい。)

34. 自然界のおきて

「使用頻度は規則を破る」「使用頻度が特権階級を作る」「特権階級は規則に従わない」のがコトバ生態学の大原則です。コトバも自然界に似ています。しかし人間が使うので、本当の自然界より、人間臭くなっています。自然界と人間社会の中間と言えるでしょうね。これこそ「コトバ生態学」なのです。

35. 規則に従わない特権階級

数詞の中では、ワン子チャン(one)とツー男くん(two)、さらにサン子チャンが特権階級だと、何回もお話ししてきました。「使用頻度は規則を破る」「使用頻度が特権階級を作る」「特権階級は規則に従わない」というコトバ生態学の大原則に従っているのです。ということは不規則的かつ例外的な表現は、その生い立ちを探れば、「使用頻度が高く、特権階級に属すので言語規則に従わない」ということがわかります。

それで、数詞以外のコトバでも規則に従わない例として、英語の形容詞、副詞の比較変化(規則的比較変化、不規則的比較変化)と、動詞の活用(規則的活用、不規則的活用)を取り上げました。

36.「ケータイ」は特権階級

「ケータイ」は「第7章17.『ケータイ』は特権階級」でお話したように、以下の点で規則違反です。

1.「携帯電話」は特に若者が使用者なので、漢字表現はなじまない。普通はカタカナ表現が多い。一時期、「ポケットベル」「PHS」とライバル関係にあったが、カタカナ語、アルファベットが勝つのが普通。漢語が勝つことは珍しい。というのは「電子計算機」「写真機」「チョッキ」などは「コンピュータ」「カメラ」「ベスト」などに敗北している。さらに、「砂糖」「鍵」「庭球」「投手」「空調機」という日本語が「シュガー」「キィ」「テニス」「ピッチャー」「エアコン」などのカタカナ語に敗北するのが普通。

2.「携帯電話」は他に「携帯枕」など「携帯」が付く語があるので、「電話」を略して「携帯」賭することができない。

3.「携帯」は漢字表記なので、「ケイタイ」とカタカナ表記にはできない。

4.「ケイタイ」を「ケータイ」とすることはできない。「ケイタイ」を発音すれば、自然に「ケータイ」になるが、表記は別問題。「英語、学生、救命など」は「エーゴ、ガクセー、キューメーなど」と発音するが、「エイゴ、ガクセイ、キュウメイなど」と書かなくてはならない。

37.「携帯電話」は特別な存在

それほど、「携帯電話」は特別な存在なのです。コトバ学でも特権階級に属します。10年ほど前スマートフォンが出てきて、急速に普及しました。初めは、「携帯電話」の下位区分に「ケータイ」と「スマホ」がありましたが、若者の間では、ス

マートフォンの普及率が 100%になり、その略語「スマホ」のため「ケータイ」が死語になりかけました。これは 5 年ほど前のことです。

38.「スマホ」が死語に

　最近調査しました。なんと「ケータイ」が復活したのです。最近の若者はスマートフォンのことを「ケータイ」と呼んでいます。ということは、25 歳以上の若者は、「スマホ」と言い、もっと若い若者は「ケータイ」と言っています。つまり「スマホ」が死語になりかけています。「ケータイ」はしぶといですよね。このことは、コトバ学的にはたいへん珍しいことです。

　「携帯電話」の社会に及ぼしている影響が多大であることの証拠になります。

39.「ケータイ」はなぜ強い？

　スマートフォンを持っている人は、古い型の携帯電話ではないことを、強調するために、自慢しつつ「スマホ」と言い、古い型は「ガラケー」つまり「ケータイ」と呼びました。スマートフォンの普及率が、若者の間で 100%になると、わざわざ「スマホ」という必要がなくなったと考えることができます。

　「携帯電話」は「ケータイ」と「スマホ」を含みます。スマートフォンばかりになれば、「ケータイ」というコトバがなくなり、「スマホ」が残る可能性もありました。「ケータイ」「スマホ」の戦争を分析するには、テレビとカメラの例を考えるとわかり易いでしょう。

40. 規則に従わない特権階級

数詞の中では、ワン子チャン（one）とツー男くん（two）、さらにサン子チャンが特権階級だと、何回もお話ししてきました。「使用頻度は規則を破る」「使用頻度が特権階級を作る」「特権階級は規則に従わない」というコトバ生態学の大原則に従っているのです。「携帯電話」関係のコトバを説明するために、「薄型テレビ」と比較しましょう。

41.「薄型テレビ」と「箱形テレビ」

薄型テレビが登場したとき、それを「薄型テレビ」と呼んで宣伝しました。従来のテレビは「テレビ」でした。「薄型テレビ」が普及し、従来のテレビが減少するにつれて、「テレビ」が新しいコトバ「箱形テレビ」と呼ばれるようになりました。

そして、このテレビがなくなり、忘れ去られるに連れて、「箱形テレビ」というコトバもなくなりました。このコトバは寿命が短かったですよね。「カメラ」「デジカメ」「フイルムカメラ」も同様です。「アナログ放送」「地デジ放送」も似ています。

42.「スマホ」と「ケータイ」

そうすると、「携帯電話」「スマホ」「ケータイ」の関係も似ていますよね。似てはいますが、ちょっと事情が異なります。以下のようです。

1.「テレビ、薄型テレビ」と「携帯電話、ケータイ」の関係は意味的には同じだが、コトバ的には差がある。「テレビ」と「箱形テレビ」と異なり、「携帯電話」の変化形が「ケータイ」。
2.「テレビ」「薄型テレビ」と「携帯電話」「スマホ」の関係について、前者は語源が同じなのに、後者は異なる。

3.「携帯電話」と「ケータイ」は語源が同じ。「スマホ」は異なる。

4.「携帯電話」のことを「スマホ」で言い換えるには少し抵抗がある。「ケータイ」の方が可能性高い。

5. ただし、その実態は「ケータイ」でなく「スマホ」である。「ケータイ」には「ガラケー」という意味があるから。古いタイプの携帯電話（ガラケー）がなくなってきている。

6.「ケータイ」は「携帯電話」の変化形なので、「携帯電話」の意味を持つ。さらに、「スマホ」に対する「ガラケー」の意味も持つ。言い換えれば、「携帯電話」の下位概念に「スマホ」と「ケータイ」があるが、「ケータイ」は上位概念と下位概念の両方の意味を持つ。これは「少年」の下位概念は「少年」と「少女」であり、「少年は」「少女を含む」上位概念と「少女」を含まない、対立語の「少年」の2種の意味を持つ。「少年の部、女子、男子」の表現のように。

7.「携帯電話」は死語になっていない。期末試験、入学試験、取扱書などでは、頻繁に使われている。

　現在は「ケータイ」の方が「スマホ」より優勢ですが、勝負はついていません。

43. 学食にケータイ置き忘れた

　実際に、学生は「学食にケータイ忘れた。取りにいってくる。」と言い、後で同じ学生に、「それ何？」と聞くと、「スマホです。」と答えます。使用が揺れています。だから、まだ戦争中です。5年前は「スマホ」が完全に優勢でしたよ。

44. 3種の死語

　数詞の中では、ワン子チャン（one）とツー男くん（two）、さらにサン子チャンが特権階級だと、何回もお話ししてきました。「携帯電話」関係のコトバを説明するためには「死語」というコトバを使いました。「死語」について、最近の傾向を少しお話しましょう。

　死語と言っても、次の3種があります。25歳以下の若者です。

1. 軽死語：若者でもつい使ってしまう死語
2. 重死語：若者は絶対使わないが、意味はわかる
3. 完全死語：7割の若者に通じない死語

　この2年かけて、学生から死語を集めてきました。現在3、4学生対象の加藤担当ゼミで、学生と「現代死語事典（仮題）」を作成中です。

　前回の「薄型テレビ」「箱形テレビ」「アナログ放送」「デジカメ」などは「軽死語」です。「スマホ」はまだ軽死語になっていませんが、なりかかっています。

45.「パンティ」が死語に

　この本の作成中に興味あることがわかりました。「パンティ」が死語になったのは、20年以上前です。「パンティ」を年配男性が使うようになって、嫌われたのです。店などでは、「ショーツ」が使われていますが、若者は使いません。古くから使われていた直接的なコトバである「パンツ」と言っていますよ。

　若者は「ジーンズ、デニム」とはもう言いません。「ジーパン」です。さらに、「パンツ（アウターの）」は「ズボン」になりました。年配者が使っていた言葉です。7年ほど前の学生は、

「グラス、ソックス、リング、デパート、キー、デジカメ、シュガー」と言っていました。最近では「コップ、靴下、指輪、百貨店、鍵、カメラ、砂糖」です。

「アベック」は「カップル」のために死語（重死語）になって久しいですが、なんと最近は完全死語になっています。若者にはもう通じません。

46.「メイク」が死語に

さらに、僕が最も驚いたのは「メイク」です。何と「化粧」になりました。まとめると、以下のコトバが死語（軽死語）です。＊は完全死語。（　　）内は復活したコトバです。

ジーンズ、デニム（ジーパン）、パンツ（ズボン）、パンティ（パンツ）、グラス（コップ）、＊パンスト（ストッキング）、ソックス（靴下）、リング（指輪）、スマホ（ケータイ）、デパート（百貨店）、キー（鍵）、メイク（化粧）、バッグ（カバン）、パスタ（スパゲッティ）、デジカメ（カメラ）、シュガー（砂糖）、テスト（試験）、椅子（腰掛け）

47.「パンスト」は完全死語

「パンスト」は意味が分からない完全死語になりました。それに相当するコトバは「ストッキング」です。「パンティストッキング」の「パンティ」の語感が相当嫌われたのです。若者の言う「ストッキング」は昔のストッキングとは別物です。若者は2本離れているストッキングは知りませんでした。若者は普段、なま足なので、ストッキング（昔のパンスト）を身につけることはありません。タイツは身に付けることがあるそうですが。就活するようになって、ストッキングをはくそうです。

48. 若者と年配者コトバが接近

上記復活したコトバをみると、若者と年配者の溝が浅くなったように感じます。「ここらでドロンします。」「昨日ブッチしちゃってさあ。」が若者に通じるようになったし、使うようになったことは、親近感を感じますよね。たいへんよい傾向です。若者の懐古趣味と、わざわざ若者コトバを無理して使うことの嫌気が原因かもしれません。

カタカナ語を追いかけることにも嫌気がするようになったかもしれません。携帯電話時代が成熟すると、携帯電話関係のコトバは、「着信、発信、受信、送信、着信記録保存、受信拒否など」漢語が多いですね。カタカナ語より漢語の方が便利です。

ただし、中途半端の若者（25歳以上）とは、そのギャップが増すかもしれません。

49. 平成2桁生れの若者が台頭、しかも選挙権まで！

特権階級の関係から、死語の話をしましたが、今回は若者コトバの話です。もちろん死語にも関係があります。平成2桁生まれが若者の仲間入りをしました。しかも、選挙権まで持ちます。我々年配者にとっては、驚異的なことです。平成2桁はつい最近のことだからです。平成1桁生まれの若者もショックでしょうね。すぐに若者ではなくなりますよ。

50. 平成2桁生れがコトバを変える

新若者は死語と若者コトバを変えようとしています。今年の選挙にこれらの若者が初めて参加しました。投票率が他の年代の若者より高く、彼らの影響で、その下の若者の投票率が高く

なるとすれば、「平成2桁生れの若者が政治を変える」かもしれません。ということは「平成生まれの若者が政治とコトバを変える」かもしれないのです。まさに「平成2桁生れ」が現代のキーワードになる予感がします。

　死語については、「死語復活」という新しい傾向が若者の間で出てきていることは、すでにお話ししましたが、若者コトバについて、その特徴の時代別変化を、簡単に紹介しましょう。

51. 若者コトバと死語

　ボクは25年間ほど、若者コトバと死語を収集し、観察、分析してきました。その成果が以下です。

若者コトバ関係（数字は著書番号）

21.『女子大生が選んだ　名古屋発　驚異の若者コトバ事典』私家版　平成5（1993）年

22.『驚異の若者コトバ事典』海越出版社　平成5（1993）年

41.『女子大生が解説　ケータイネットで新人間関係』私家版　平成15（2003）年

43.『若者言葉事典』私家版　平成16（2004）年

45.『最新若者言葉事典』中部日本教育文化会　平成17（2005）年)

59.『椙女大生による　おじさんに教えてあげる　ワタシ達の常識』私家版　平成25（2013）年

63.『*ケーチューから**スマチューへ―若者ネット新人間関係―』私家版　平成26（2014）年)

63.『椙女大生が集めた　現代若者コトバ事典2016』私家版　平成28（2016）年

52. 死語関係 (数字は著書番号)

死語関係は次のような著書です。

26.『女子大生が集めた　おもしろ死語事典』私家版　平成 8 (1996) 年
28.『世紀末死語事典』中央公論社　平成 9 (1997) 年
44.『女子大生の好きな死語事典』私家版　平成 17 (2005) 年
45.『(最新版) 女子大生が大好きな　死語事典』中部日本教育文化会　平成 17 (2005) 年
57.『「SJG (椙女ガール) 12」による ジェネレーションギャップ解消本-死語+武士語』私家版　平成 23 (2011) 年
66.『現代死語事典 (仮称)』私家版　平成 29 (2017) 年 予定

上記 8 冊の若者コトバ関係の著書から、若者コトバ誕生の傾向を簡単に説明しましょう。

53. 若者コトバの「いま」、「むかし」
53.1. 若者コトバ発生の理由

若者コトバは昔から存在していました。その理由は次のようです。

1) 大人と同じコトバを使いたくないという、独立心、反抗心から
2) 若者の関心が向けられる新しい分野 (風俗、習慣、思想など) を表すコトバの必要性
3) 仲間意識の強化
4) コトバの簡略化
5) いつの時代にも若者コトバは短命、携帯電話関係の語は定着する可能性がある。定着したら若者コトバではなくなる。

53.2. 平成5（1993）年の特色（『驚異の若者コトバ事典』海越出版社　平成5（1993）年）

　若者コトバ発生の理由に付け加えて、時代特有な事情により、次のような特徴があります。

1）携帯電話がない時代、自宅電話を使ったが、話の内容を親に知られたくないので、聞かれても良いように、ワザワザわかりにくい若者コトバを作り出した。
2）そのため、奇異に感じるほどの若者コトバが多い。
3）仲間と仲間外とを区別するために、若者コトバが使われた。
4）名古屋地方の地方としての独立心という背景があった。
5）若者は罪悪感を持ちながら、若者コトバを使用した。
6）周囲の年配者は若者コトバに批判的だった。

53.3. 平成17（2005）年の特色（『最新若者言葉事典』中部日本教育文化会　平成17（2005）年）

　携帯電話、ネットの影響と経験主義より、情報とか、新しい感性が重視されるような時代になりました。若者にとっては住みやすく、年配者にとっては住みづらい持代になりました。「若者天国」「年配者地獄」の時代。ただし、社会保障関係はそうでもないかも。若者コトバに関して、次のような特色があります。

1）携帯電話の普及にともない、ワザワザ若者言葉を作り出す必要性はなくなった。
2）若者自身が若者コトバと認識しないほど、自然な若者コトバが増加した。
3）携帯電話関係の若者コトバが出現した。
4）罪悪感は減少し、優越感を持つ傾向も現れた。

5) 年配者は、ハイテク社会の影響で、経験主義の価値が低下した。若者に対して自信がなくなり、若者コトバに対しても、態度が軟化した。進んで使おうとする人も増加した。
7) 若者に媚びる傾向が加速、若者言葉が市民権を得る傾向も増大した。
6) ただし、正しい日本語を知らない者ほど若者言葉を使う。

53.4. 平成28（20016）年の特色（『椙女大生が集めた　現代若者コトバ事典2016』　私家版　平成28（2016）年）

1) 若者自身が若者コトバと認識しないほど、自然な若者コトバの増加の傾向は続く。
2) SNS関係の若者コトバが増加した。
3) 若者コトバを使う優越感はなくなった。
4) ハイテク社会の影響で年配者の経験主義低下傾向はさらに進む。若者に対して自信がなくなり、若者コトバに対しての態度軟化傾向が進む。
5) 年配者に対する、反抗心、競争心は弱くなった。
6) 若者コトバが死語になり、年配者のコトバが復活した。つまり、若者コトバから離れ、年配者のコトバに近づくという新しい傾向が出現し始めた。

54. 平成2桁生れの若者コトバの新傾向

　平成2桁生れが若者になり、これまでには見られなかった、新しい傾向が出てきました。つまり年配者に近づくと言う新傾向が生まれました。若者コトバの20年間には見られなかったことです。言い換えれば、平成2桁生れの若者は年配者に優しくなったのです。若者コトバを変えていきそうです。若者コト

バをどんどん死語にし、年配者が使っていたコトバを復活させています。

　以下のコトバがその証拠です。
（　　）内は復活したコトバです。

　ジーンズ、デニム（ジーパン）、パンツ（ズボン）、パンティ（パンツ）、グラス（コップ）、パンスト（ストッキング）、ソックス（靴下）、リング（指輪）、スマホ（ケータイ）、デパート（百貨店）、キー（鍵）、メイク（化粧）、バッグ（カバン）、パスタ（スパゲッティ）、デジカメ（カメラ）、シュガー（砂糖）、テスト（試験）、椅子（腰掛け）

55. この25年間の死語の動き

　上記6冊の死語関係の著書からみて、死語に関しては大きな変化はありません。ただ、平成2桁生まれの若者が出現し、若者コトバが死語になり、年配者のコトバが復活するという新傾向が出てきたということだけが、この25年間の変化です。若者コトバとの関連でみれば次のことが言えると思います。

＊重死語：若者意味はわかるが、使わない死語、完全死語：意味の分からない死語

1. 重死語が復活している。
2. 完全死語が復活している。若者コトバとして復活。
3. 重死語が増加した。
4. 完全死語が増加した。つまり若者に取って意味の分からない語の増加。
5. 若者の懐古趣味。
6. 日本語重視傾向（カタカナ語に嫌気感）。
7. 年配者に近づく若者（コミュニケーションギャップの減少傾

向）

56. 平成2桁生まれの若者が政治を変える

　平成2桁生まれの若者がコトバを変えることは、注目に値することですが、さらに政治も変えるかもしれません。今年のキーワードは「平成生まれの若者」です。皆さん注目しましょうね。

第9章 真相9：(女性差別)

なぜ「ワン男くん、ツー子ちゃん」でなく「ワン子（one）ちゃんとツー男（two）くん」？
女性差別の証拠と真相9
女性差別を言語現象で確認

　この章では言葉に現れている、女性差別についてお話します。人間社会の諸現象はコトバに表れています。また、反対にコトバの諸現象は人間社会に映し出されます。ということは、コトバ世界の諸現象から人間社会の諸現象を推察することが可能で、その反対の人間社会の諸現象を、コトバ社会で確認することもできます。これを「コトバ生態学」と名付けました。

　人間社会に女性差別があることを、言語現象で確認することにします。その前に女性差別の証拠となる複合語についてお話しなくてなりません。初めに言っておきますが、複合語は女性差別の存在についてのはっきりした証拠があります。まず複合語の概念について知らなければなりません。

2. 複合語、牛乳、乳牛

「牛乳」「乳牛」「食事制限」のように「牛の乳」「乳を出す牛」「食事を制限すること」のように2語以上に分解できる語を、複合語と言います。しかも複合語を構成するそれぞれの語は、お互いにいろいろな文法関係を持っています。「牛乳」の場合は修飾関係です。「牛」が「乳」を修飾しているので、あくまで乳の1種です。「牛」が「乳」を生産するという意味なので、もっと深い意味では主語目的語の関係にもなります。「乳牛」の場合では、「乳」が「牛」を修飾していて、牛の1種です。もっと深い意味では同様に主語目的語関係になっています。

「食事制限」の場合は、食事を制限することという意味なので、目的語動詞関係ですが、「制限」には「外出制限」など色々な制限があって、そのうちの「食事の制限」のように解釈すれば修飾関係になります。「制限食事」の場合は食事の1種です。

深い意味（目的関係、主従関係）と表面的な意味の両方を併せ持つことが多いですが、大まかに分類すれば修飾関係です。

3. 修飾関係の複合語

基本的な修飾関係の複合語は、「長ネギ」「白ネギ」「長芋」「長椅子」「色紙」「里芋」などです。前後位置を変えても存在する語があります。「牛肉」「肉牛」、「紙くず」「くず紙」、「人魚」「魚人」、などは前に来る語が修飾語で後に来る語が被修飾語なので、本体は後の語です。ということは「人魚」は「魚の1種」で、「魚人」は「人間の1種」です。「焼き芋」は「芋の1種」、「芋焼き」は「芋を焼くこと」です。

4.「ゆで卵」と「玉子焼き」

　修飾関係の表現なので、本体は後に来る語です。「ゆで卵」は「ゆでた卵」で「卵」のことでいいですが、「玉子焼き」は「を焼くこと」になるはずです。「焼き玉子」が本来の表現ですよね。もし焼き芋、焼き魚のように、卵を単に焼くだけなら、「焼き卵」になりますが、味をつけて、難しい調理をするので、「玉子焼き」になります。これは、「タコ焼き」と同じです。

　「タコ焼き」はタコを焼くわけではありません。タコが入っている焼いた食べ物で、本当にタコの焼いた物は「焼きダコ」と言います。「タイ焼き」もタイを焼くことではありませんね。タイの形をした焼き菓子です。

　「焼き貝」という表現が普通ですが、「貝焼き」もあります。「ウニの貝焼き」（ウニを貝殻にのせて焼く）から来たようです。

5.「卵」と「玉子」

　「ゆで卵と玉子焼き」にはもうひとつの問題があります。みなさんは気づかれたと思いますが、「ゆで卵」は「卵」で、「玉子焼き」は「玉子」と書きます。「卵」と「玉子」の差は何でしょうか。「卵」は生に近いタマゴで「玉子」は調理したタマゴです。なら「ゆで卵」は調理しているので、「玉子」と書かなければなりませんが、ゆでただけで調理していないので、「生卵」と同じく、「ゆで卵」と表記しているのです。「玉子焼き」は調理してあります。しかも。前述のように、料理の仕方が特別なので、「焼き玉子」となりません。これは「タコ焼き」と同様です。

　「ごま塩」「コーヒー牛乳」はあくまで「塩」「牛乳」です。

ゴマ、コーヒーの含有量が増えれば、「塩ゴマ」「牛乳コーヒー」になるでしょうね。

6.「ミカン狩り」と「潮干狩り」

「ミカン狩り」「イチゴ狩り」「ぶどう狩り」などは「一を穫る」という意味ですが、「潮干狩り」は「潮干で貝を捕る」という意味で、「紅葉狩り」は「多くの紅葉を見る」という意味です。修飾関係は同じですが、深い関係は差があります。「鹿狩り」「うさぎ狩り」（鹿、うさぎを獲る）、「鷹狩り」（鷹で小動物を獲る）も同様です。

「言葉狩り」は中世時代の「魔女狩り」から来た語です。「コトバに難癖を付けて、禁止しようとする（捕らえて抹殺しようとする）」深い意味合いを持ったコトバです。

7. 習慣と慣習

修飾関係でも複合語でもありませんが、ひっくり返す語を見てみましょう。「動作」「作動」は意味が異なるのに、「慣習」は「習慣」より堅い表現ですが、ほぼ同じ意味です。

意味がまったく同じではありませんが、ほぼ同じ意味なのは次の語です。
「消費」「費消」、「学修」「修学」、「回転」「転回」、「論議」「議論」

意味が異なるのは次の語です。
「動作」「作動」、「愛情」「情愛」、「欲情」「情欲」、「動機」「機動」、「国境」「境国」「女子」「子女」（女性差別の証拠である「女子」「子女」については後ほど詳しくお話します。）

8. 並列関係、「左」「右」は特別階級

　「白黒」「大小」「手足」などは「白や黒」「大きい物や小さいもの」「手や足」のように同等な意味を持つので、修飾関係ではなく、並列関係です。「左右」は「左や右」で並列関係ですが、「左や右」は奇妙ですね。訓読みにすると「みぎやひだり」になります。これは「さ」「ゆう」の発音に関係があります。短い音が先にくる方が読み易いからです。でも「さどう」「どうさ」両方あるので、決定的な理由ではないように見えますが、これは並列関係ではないのです。さらに左大臣の方が右大臣より上位だからという理由もあります。

　さらに先ほどの発音が関係しています。短い方が前に来ます。「みぎ」の方が「ひだり」より短いのです。つまり音読みでは「さ」が「ゆう」の前に来て、訓読みでは「みぎ」が「ひだり」より前に来るのです。言い換えれば、右は「みぎ」「ゆう」、左は「ひだり」「さ」のように読みの長さが逆になります。どうも「左」に責任があるようですね。「右」は音訓とも、2音（字）、左は音訓で1音（字）から3音（字）と変化するからです。

9. 並列関係はどちらが先でもよい？

　並列関係は「～や～」「～と～」という意味なので、どちらが先に来てもよいワケですが、「目鼻」「花鳥」「森林」「田畑」「犬猫」のように、その順序は固定しています。逆にすると、違和感があります。その他次のような語があります。

　「花実」「明暗」「草木」「草花」「赤白」「田畑」「尾頭」「鳥獣」「人馬」「牛馬」「胃腸」「山川」「親子」「魚貝」「先生生徒」「上下」「縦横」「長短」「大小」「高低」「重軽」「遠近」

10. 並列関係が女性差別を表す

しかし、次のような表現を見て下さい。やっと女性差別のコトバが出てきましたよ。

「男女」「父母」「夫婦」「新郎新婦」「男子女子」「男性女性」「兄弟姉妹」「紳士淑女」「善男善女」「祖父母」「伯父伯母」「オスメス」が示しているように、必ず男性が女性より前に来ています。女性差別の証拠です。

11.「雌雄」と「牝牡（ひんぼ）」

これは男性が女性より優位にあることを示しています。なぜなら、植物の場合は「雌雄」のように、「雌（メシベ）」が「雄（オシベ）」より前にありますが、これは、メシベがオシベより重要で優位に考えられているからです。メシベが受精して結実するからです。普通、オシベは花粉として無数あるのに対して、メシベは1個しかありません。それが美になるのです。

動物（家畜）の場合も同様に、「牝牡（ひんぼ）（メス、オス）」と言い、メスが先に来ます。メスは卵や子を産むので、価値が高くて、優位なのです。これらの表現は、「先の語が優位」の証拠になります。

ただし、「オシベメシベ」「オスメス」という場合は「オシベ、オス」が先に来ます。前の語の方が優位という証拠です。

12.「boys and girls」「father and mother」

英語でも同様です。「boys and girls」「father and mother」「son and daughter」「uncle and aunt」「brother and sister」「Tom and Betty」（完全に女性差別ですね。）

「花嫁花婿」は女性が先の表現ですが、結婚式では花嫁の方

が主役だからですね。英語でも同じです（bride and bridegroom）。

英語「ladies and gentlemen」では女性が先にあるのは、「lady」の意味が、「1.女性の侯、伯、子、男爵、2.侯、伯、子、男爵の夫人、3.侯、伯、子、男爵の令嬢」で、「gentleman」より地位が高いからです。

13.「女男」「母父」「婦夫」「淑女紳士」

女性差別の話になります。並列表現では優位な語が前に来ることが、明らかです。前述の、「男女」「父母」「夫婦」「紳士淑女」などの表現は男性が女性より優位つまり、「男女不平等」「女性差別」を表した表現と言うことができるでしょう。「女男」「母父」「婦夫」「淑女紳士」などにすればよいですが、男性差別になるし、コトバを変えることは大変です。言いづらいということはありません。従来の言い方に単に慣れただけです。

ちなみに「女男」という表現はあります。「オンナオトコ」と読んで、「女性のような男性」という意味です。さらに「男女」と書いて、「オトコオンナ」と読めば、「男性のような女性」になります。

14.「目鼻」「花鳥」「森林」の（人間）関係

前述の「目鼻」「花鳥」「森林」「田畑」「犬猫」などの表現も、「男女」ほどではありませんが、なにかしら前の語の方に優位性が感じられます。そのあたりをちょっと探ってみましょう、お互いの関係が少し分かります。

「目鼻」「山川」「上下」「胃腸」（位置関係、上が先。「花鳥」「鳥獣」（花、鳥の方が重要？）、「森林」（木の数が多く、規模

が大きい)、「田畑」「魚貝」「(田、魚の方が重要)、「犬猫」(犬の方が多い、重要)、「花実」(花から実がなる、時間的に先)、「明暗」(明が優位、[白黒]も同様)、「草木」(草の方が多い、重要でない)、「赤白」(赤の方が目立つ)、「牛馬」(意外に牛の方が優位)、「新聞雑誌」「テレビラジオ」(先が優位)などです。

15.2 種の「土砂」

「土砂」は「土や砂」という意味で、並立関係ですが、「土が混じった砂」という意味では、修飾関係で、砂の1種です。すでにお話した、「ゴマ塩」「コーヒー牛乳」はあくまで「塩」「牛乳」です。ゴマ、コーヒーの含有量が増えれば、「塩ゴマ」「牛乳コーヒー」になるでしょうね。「ゴマや塩」「コーヒーや牛乳」という意味にはなりません。

16. 種々の優位性

「親子」「母娘」「姉妹」「兄弟」「先生生徒」は年齢順、優位順でしょう。「損益」「利害」(マイナスが先かプラスが先か)、「心身」「肉体的精神的」「善悪」(「心」「善」が先です。しかし、「肉体的」が先なのは、首尾一貫していない。)、「神仏」「神社仏閣」(神様の方が仏様より優位)、「春秋」(暦上では春が先、春の方が優位)、「寒暖(計)」(暖の方が快適なのに。「寒暖計」は特に寒いときに寒さ注意のため使用するからかも。)

「長短」「大小」「高低」「重軽」は単位の基準が前に来ます。例えば、「その棒の長さは?」と言うが「短さは?」とは言わない。「大きさ」「高さ」「重さ」も同様。「遠近」の場合「遠さは?」「近さは?」とは言いません。「遠い」方にインパクトがありそうな感じがします。

17. 学校の呼び方

「大中小」とは異なり、学校の場合、「小中高大」はこの順が普通ですが、時間経過の順に従っています。でもこの「高」はおかしいですね。「大中小」の系列と「初等、中等、高等」の系列が混じっています。「低等、中等、高等」が本来の表現です。「初等教育」は小学校教育、「中等教育」は中学、高校教育、「高等教育」は大学教育を意味します。「高等学校教育」は「高等教育」ではないのです。

しかも、「小学校、」「中学校」というのに、なぜ「高学校」でなく「高等」を付けて「高等学校」と言うのでしょうか。ちなみに、大学は「大学校」と言いません。文科省管轄でない、高等教育機関は「農業大学校」のように「大学校」と呼びます。

それで、ボクの提案は、「小学校」「中学校」はこのままで、現在の高等学校を「大学校」、大学を「高等学校」にすることです。いくら慣れているからといっても、間違いなら正す方が正義です。すぐ慣れます。

18. なぜ「縦」が「横」より前？

「縦横」については「たてよこ」でも「じゅうおう」でも同じ語順ですが、「縦」の方がなぜ先に来るのでしょうか。優位（重要）でしょうか。実は、「縦」は「上下」と友だちで、「横」は「左右」と友だちです。「うえした」「みぎひだり」のように訓読みにすると、「縦」の友だちの「上下」は変わりませんが、「横」の友だちの「左右」は変わります。「縦」「上下」の方が「横」「左右」より、強い（優位）ということができるでしょう。「上下左右」と言うので、「上下」が「左右」より優位性があります。さらに訓読みの「うえしたみぎひだり」も「うえし

た」が先です。「みぎひだり」は逆になりますが。

「上下」に関して「下級、中級、上級」「初級、中級、終級」でなく、「初級、中級、上級」という系列もありますが、習得順を基本にしているので、「初」が最初に来ます。

「白黒」は「白」が優位です。「白黒テレビ」「白黒付ける」という表現があります。さらに「白」の対照語として、「紅白」のように「赤」があります。運動会では「赤」「白」で戦います。「赤」の対照語としては「青」もあります。「赤」は対照語として、「白」「青」があり、「白」は「黒」と「赤」が対照語で、「黒」の対照語は「白」のみ、「青」の対照語は「赤」のみです。「赤」「白」「黒」「青」の関係は入り交じった三角関係です。

19. 縦書きと横書き

日本語の場合、文字を書くとき、縦書きと横書きがあります。縦書きの場合、上から下に書き、行送りは右から左です。横書きの場合、左から右に書き、行送りは上から下です。つまり、「横」「左右」は変わりますが、「縦」「上下」は一定です。「縦」「上下」が「横」「左右」より優位な証拠です。

しかし、「横丁、横切る、横向き、横取り、横泳ぎ、横暴、横着」など、「横」付きの語が多いです。

20.「靴下」は靴の下？

「上下」に関して重要なことがあります。「下着」の「下」は実際の「上下」の「下」ではありません。男性の場合、「下着」は「ズボンの下、つまり、ズボンより先に身に付け、体により近くに身につける衣類」という意味です。実際の上下関係

（頭の方向が上で、足に方が下）でみれば、ズボンの方が下着より下にありますよね。もし下着がズボンより下にあれば、足首から下着が見えてしまいます。

「靴下」も同様です。本当に靴の下なら、靴と地面の間です。実際の位置関係なら靴の上にありますが、足に近い方を下、遠い方を上とすれば、靴下の本当の意味が理解できますね。

面白いことですが、「靴下」は若者からすれば、死語になっていましたが、最近の若者コトバの調査から、「靴下」の復活が復活し、「ソックス」が死語になっていますよ。

21.「美醜」と「醜美」は例外

「美醜」と「醜美」はたいへん珍しいコトバです。同じ読み方（びしゅう）（しゅうび）で、意味も同じで、両方存在します。すでにお話しましたが、「右左（みぎひだり）」「左右（さゆう）」の両方ありますが、読み方によって順序が異なります。

意味がまったく同じではありませんが、語順を変えても、ほぼ同じ意味なのは、「消費」「費消」、「学修」「修学」、「回転」「転回」、「論議」「議論」などについては、すでにお話しましたが、並立関係ではないので、この仲間には入りません。並立関係で「美醜」「醜美」のような語がありましたら、ぜひ教えて下さい。

「前後」の順は、まったく妥当です。時間経緯に従っています。「今日明日」「過去未来」「現在未来」も同様ですが、「現在過去」だけは逆です。現在からの視点でしょうね。

22.「東西南北」と「東西」

「東西南北」「東西」は「太陽が東から出るからでしょう。」

北半球では「南北」は南側に太陽があり、建物は南側を向いていることが多いからでしょうか。地球儀や地図では上が北になっています。上が優位という原則なら、「北南」でも良さそうです。「東西南北」では「東西」が「南北」より先に来ています。「縦横」が原則なら、「南北」が先でも良さそうですね。

並立関係ではありませんが、北と東の中間を「北東」と言います。「東北地方」では逆です。「北西」「南西」について昔は「西北」「西南」という表現もありました。「南東」については反例とした、「東南アジア」があります。

23.「欧米」と「米欧」

日本語では「欧米」は「米欧」とは言いません。しかしアメリカから見れば、「米欧」になります。その英語表現を和訳すれば、「米欧」という語はあります。日本語「欧米」という表現は「欧からの見方」から来たものです。これは「日米」という語が日本からの視点での表現と同様です。「米日」という表現は、アメリカ側の表現からの翻訳以外では存在しません。「日米欧」「日欧米」は両方とも日本からの観点で、前者は「日米」の関係（会議等）に欧が加わり、後者は「日欧」の関係に米が加わるということを暗示しています。

「英米語」「英米科」「英米人」のように、「英米」は「米英」より普通です。しかしアメリカから見れば、「米英外交」「米英関係」、イギリスから見れば、「英米外交」「英米関係」になるので、日本語はイギリスからの観点を採用しています。あるいはイギリスの方がアメリカより古い、歴史が長いという意味合いをも持っている表現です。

24.「独仏」と「仏独」

「独仏」という表現から、日本は仏より独の方が親近感を持っている(いた)ということが考えられます。昔はドイツを当て字で「独逸」、フランスを「仏蘭西」と表記していてその略形が［独］［仏］です。「英」「米」も同様です。しかし、漢字の「独」「仏」には「孤独」「仏教」の意味を持ち、それがその国のイメージになりやすいです。ちなみに「日仏協会」は「日本フランス協会」「日本仏教協会」と混同されます。「日独」「日仏」は日本からの表現で、「独日」「仏日」は「ドイツ」「フランス」からの表現です。「和独辞典」「和仏辞典」は日本語をドイツ語、フランス語にする辞典で、「独和辞典」「仏和辞典」はその反対です。ちなみに、「日本語」「中国語」に関しては「和」を使わないで、「中日辞典」「日中辞典」と言います。ちなみに、「伊（イタリア）日辞典」「日伊辞典」と言いますが、中国語が入ると「伊和中辞典」のように、「和」が使われます。

大阪大学と名古屋大学は仲良しです。毎年体育系クラブ同士で試合をしています。「阪名戦」は大阪大学の呼び方で、名古屋大学は「名阪戦」と呼んでいます。

25. 並立表現の優位性はコトバの限界

並立表現は本来どちらが先でもよいのです。画像、動画、写真、絵画では両方同時に表現可能ですが、コトバにするには、どちらかを先（後）にしなければ、表現できないのです。画像などでは複数のことが同時に起こっていることを表現できます。優位性をコトバの限界から、拡大しているのです。コトバにすると、同時に表現できないので、何かを先（後）にしなければならなくて、同時に表現できないのです。その工夫がたい

へんです。書き手、話し手の腕の見せ所です。

26. 現実世界の言語化

　現実世界を言語化することを線条（linearity）化すると言います。2次元、3次元世界を1次元にしないと表現できません。言語化した物を読む（聞く）ことにより、2次元、3次元世界を再生します。最高級の再生ベルです。それら、再生レベルは次のようです。

1. モノクロ画像から、実際の色を再生する。
2. 静止画像から、立体画像を（3D画像）を再生する。
3. 静止画像から、動いている画像（動画）を再生する。
4. 動画から、立体動画を再生する。

　現実世界の言語化とは、これらのレベルを経て、コトバにすることです。文章を読むことは、これらの逆の過程を経て、その実際世界を再生する行為のことです。

　文章を読んで、現実世界を再生することは、脳の能力を最大限使用します。ということは、読書は脳の活性化にとって、たいへん有効です。文章を書くこと、読むことはもちろんですが、コトバって本当に素晴らしいですね。

27. コトバは現実世界の差を拡大

　並立表現は無理してでも、どちらかを先にしなくてはなりません。そのため、色々な理由をつけて、上下（優位）関係を表すので、現実世界はそれほど差がなくても、あるいは表面的には現れていなくても、コトバに現れていれば、その差をはっきり認識することができます。ということは、コトバを観察すれば、その差を探ることができるようになります。さらに、コト

バがその差を拡大し、コトバが固定すると、その差も固定します。

現実の女性差別は、種々の要因が存在するので、はっきりとした差別は別ですが、微妙な差別は、なかなか確認することが難しいことが多いですが、コトバに表れていれば、現実世界にも存在すると解釈することができます。

28. 女性差別の現実をコトバが表す

この社会では、あくまで男性との比較ですが、女性が才能を発揮しにくいと思われます。さらに一歩進んで、「男性優位の社会を維持するため、女性の才能を抑えている」とも言うことができます。その教育にも、差別が感じられるし、あるいは成人してからの世間の見方にも差異が見られます。女性差別の社会体制は、相当以前から続いているものです。というのは、日本の文化の一部にも組み込まれているからです。

29. 雛祭りと端午の節句（女性差別の証拠）

女の子のお祭りの桃の節句と、男の子のお祭りの端午の節句を比較してみましょう。3月3日は女の子のお祭りです。雛人形を飾ります。かわいく、美しく育ってほしいという願いがこめられている祭りです。

一方、5月5日の端午の節句には、勇壮な鯉のぼりを揚げます。鯉がたくましく、急流を昇って行く姿を象徴しています。さらに、室内には五月人形を飾ります。鎧を身につけた武者人形です。男の子が、強くたくましく育つような願いが込められているのは、明らかです。

30.「こどもの日」は「男の子の日」

　5月5日は「こどもの日」で、法律で定められた国民の休日ですが、3月3日は休日ではありません。確かに、「こどもの日」には女の子も学校は休みですが、各家庭では、ちょっとしたご馳走を作って、男の子のお祭りをします。実は「こどもの日」の「こども」には女の子は含まれていません。

　「息子」と「息女」を見て下さい。「むすこ」は訓読み、「そくじょ」は音読みですが、「息」は共通で、男、女を含む「こども」の意味です。「子」が「男」、「女」が「女」を意味します。

　「こども」は元来「子」の複数形で、そのうち単数形とみなされるようになり、「こども達」という表現が生まれました。これを二重複数と言います。現在では、「こ」と「こども」はほぼ同義になっています。「こどもの日」は「男の子の日」という意味だったのです。

31.「子息（しそく）」と「子女」

　「息子」を逆にした「子息（しそく）」と「子女」を比較しましょう。「息」は男女を含む「こども」の意味で、「子」は男です。それで「子息（しそく）」は「男の子」。「子女」は「子」が男の子を意味するので、「男の子と女の子」という意味になります。「帰国子女」は「外国から帰ってきた男の子や女の子」という意味です。「王子」「王女」も同様です。

　「子」「こども」「こ」は現代日本語では、男女を含めた「こども」の意味になっています。しかし、昔は「こども」には女の子を含めない、差別的な観点からの意味を持っていました。現代では男女を平等に扱うために、女の子を含めるようになり

ました。言い換えれば、「子」「こども」「こ」が男の子だけを意味したのは、差別思想がコトバに反映したものなのです。

ということは、「子女」は「男の子」と「女の子」を意味します。「子」が「男の子」を意味するので、差別用語になります。帰国子女という表現は、差別用語と認識され、各高校、大学の「帰国子女特別入試」という用語は「帰国生」に変えられています。

32.「むすこ」と「むすめ」

「むすこ」「むすめ」も同じようなことを表しています。「むす」「こ」と「むす」「め」に分解すればすぐ気がつきますよね。「むす」は男女を含む「こども」の意味で、「こ」が「男」、「め」が「女」を意味しています。これらの語も「子女」と同様に差別用語なので、変えなければなりません。

「男の子」「女の子」に変えればよいでしょうが、一般的な「男の子」「女の子」「boy」「girl」という、広い意味もあり、英語の「son、daughter」と意味範囲が異なります。「私のこども（こ）」と言えば、男女を特定できないので、「わたし（うち）の男（女）のこども（こ）」と言わなければなりません。

「むすこ」「むすめ」をやめるなら、「わたし（うち）の男（女）のこども（こ）」しかないでしょう。「むすこ」「むすめ」は便利なコトバなので、なかなかやめられないでしょうね。差別用語ということが分かっていても。

33.「おとこ」と「おとめ」

「おとこ」と「おとめ」は「おと」が共通で、「こ」と「め」が異なります。当然ですが、「こ」が「男性」、「め」が「女性」

を示します。「子」が「男性」を意味する証拠です。つまり、「おとこ」の対照語は「おんな」ではなく「おとめ」でした。

ちなみに、「おとな」も「おと」が付きますが、これは「おとこ」の「おと」とは別語源です。諸説あるので説明は省略します。「おとなしい」は「大人しい」と書くことがありますが、「音無し」から来たという説もあります。

では「おんな」はどこから来たのでしょうか。古代日本語語の「おみな」が語源です。それが「おうな」になり、「おんな」になりました。「おみな」の対照語は「おきな」です。

そして、「おきな」と「おみな」は年配の男女を意味し、「をとこ」と「をとめ」は未婚の若い男女を意味しました。「お」は年配者を、「を」は若者を意味する接頭辞です。「おきな（翁）」は現在でもそのまま意味を保持して残っていますね。「おんな（女）」は「おみな」から発音変化し、「年配の女性」から、「女性一般」に意味変化しました。

34.2 種の「こども」「こ」「子」

「こども」「こ」「子」は2種の意味があります。「あなたこども（こ）は何人います？」の「こども」「こ」は「son、daughter」の意味で、「こどもがたくさん遊んでいますね。」の「こども」は一般的なこどもで、「boy、girl、child」の意味です。

「こども」「子ども」「子供」の表記の問題ですが、普通はひらがなの「こども」か漢字の「子供」です。漢字とひらがなの混じった「子ども」はおかしいですよね。でも最近は「子ども」という表記がもっとも多いです。というのは「子供」の「供」は「皆供」「者供」「私供」のように、差別的な感覚が含まれています。

35.「障がい者」

　［子ども］と同じように、「障害者」の「害」は差別的な意味合いを持つ語なので、「障がい者」のように、「害」だけひらがなにしています。ただし、いくら「障がい者」と書いても、読み方は同じで、しかもそれ以外の人は、「健常者」と呼ばれるので、差別感が残ります。「異能者（特別な能力を持つ人）」はどうでしょうか。英語では「handicapped persons（障害のある人）」を、「challenging persons（挑戦する人）」に変えています。前例として、「痴呆症」は「認知症」と変えられています。

36. 女の子は「こども」ではない

　女の子だけの家庭では、この日はどうしているでしょうか。女子大生に聞いてみたところ、「何もしなかった」という回答が多いようでした。この日だけは「こどもの日」の「こども」には女の子は含まれていないのです。女の子は「こども」ではないとういことを、暗に示しています。もっとも、兄（弟）にいる女の子は、すでに3月3日に、自分のお祭りをしてもらっているので、「こどもの日」が男の子だけの日については、不平を言わないでしょうか。

37. 女性差別の日

　この2つのお祭りには、次のように3重の差別が含まれています。
1.「かわいく、美しく」育つ女の子と「強く、たくましく」育つ男の子を祈願する祭り。女の子を「かわいく、美しく」育てることは、女性が男性に仕え、女性の才能を押さえることを、

教育目標としていることです。その反対に男の子を「強く、たくましく」育てることは、男性は自由に延び延びと、活動的になるように、教育しています。このような差別教育では、男性と同じ才能を持った、女性でも完全に男性が有利ですよね。
2.「こどもの日」の「こども」には女の子は入っていない。昔の意味をわざわざ復活しています。
3.端午の節句は休日として認められているのに、桃の節句は認められていない。

これでも「日本の文化には女性差別は存在しない」と言うことができるでしょうか。

38. 改革案

少しでも差別をなくすには、「こどもの日」を「男の子の日」に限定しないで、男女を含めた「こどもに日」変える。「かわいく、美しく」育つ女の子と「強く、たくましく」育つ男の子を祈願する祭りの意味合いを除去する。従って、鯉のぼり、武者人形等飾らない。しかもお雛様を飾らないことです。

現代日本語の「こども」の意味は男女含めた意味です。それを「こどもの日」にわざわざ、昔の男の子だけを表す差別語の「こども」を復活させて、鯉のぼり、武者人形等を飾って、男の子を祈願するお祭りにしているのです。「端午の節句」「桃の節句」を捨てましょう。伝統文化でも、差別思想が入っていれば、是正することが重要なのです。「男女含めたこどもが健やかに育つように目指す日」、特に現在の「こどもの日」の反省から、「男女平等に基づく教育を指向する日」にするべきです。

39. いつがいいのか？

ということは、「端午の節句」の「5月5日も「桃の節句」の3月3日もまずいです。それらの差別イメージを引きずってしまうからです。ちょうど、真ん中の4月4日はどうでしょうか。3月3日から5月5日までは、1ヶ月と2日あり、その半分が1ヶ月と1日です。3月3日から1ヶ月と1日経った日が4月4日です。しかも、3と3、5と5の間で、4と4になります。

40. 4月4日は年度初めで不都合

4月4日は年度初めで、学校では学年初めです。入学式、始業式など行事があるので、他の日を考えてみましょう。「端午の節句」「桃の節句」を無視してもよいなら、いつでもありますが、それらの日（時季）を尊重するなら、4月4日の反対の日つまり、5月5日から翌年の3月3日の中間日、10月4日あたりでしょうか。

現代では男女平等の方向に少しずつ進んでいます。「こどもの日」に関しては完全に逆行です。今こそ、「こどもの日」を見直す時です。

41. 女らしい名前と男らしい名前

女らしい名前と男らしい名前にも差別が含まれています。次の（1）ー（6）と（7）ー（11）の漢字を比較してみて下さい。数字の後の（　）内はそれぞれの漢字の意味分類です。

(1)（花木関係）菜、枝、梓、早、麻、苗、葵、咲、百、合、香、梨、翠　(2)（衣類関係）衣、絹、襟、衿、織　(3)（華美関係）美、華、麗、愛、絵、綾、彩、景、笑、瞳　(4)（小少関係）

子、小、少、鮎、珠、紗、沙、里 (5)（数字関係）千、万、代 (6)（その他）奈、弓、亜、帆、依

(7)（強勇関係）強、剛、孟、毅、豪、武、健、勇、拳、健、建、拓、助、馬、虎 (8)（大太関係）大、太、偉 (9)（男関係）男、夫、郎 (10)（技工関係）仕、功、技、工、賢 (11)（その他）介、也、吾、人

42. 男性有利、女性不利な名前

　もうおわかりですね。(1) 〜 (6) は女性の名前に多く使われる漢字で、(7) 〜 (11) は男性用の漢字です。すべての名前を調査したわけではないので、例外があるかもしれません。だいたいの傾向のつもりです。念のため。女性用の漢字は、「かわいらしい」「愛らしい」「美しい」「華やか」「小さい」「細やか」「弱々しい」「依存的」「やさしい」「恥じらい」という意味合いがあるのに対し、男性用漢字は「強い」「猛々しい」「勇敢」「大きい」「ず太い」「壮大」「頑丈」「健康」「仕事ができる」「賢い」「積極的」「開拓する」などの意味を持っています。

43. 名前は初めてのプレゼント

　名前は両親の赤ちゃんに対する初めての贈り物です。特に姓名の名の方は、赤ちゃん本人がその名前を好き嫌いに関わらず、一生持ち続けます。だから、責任重大です。赤ちゃんに名前を考える場合、親は精一杯の愛情を注ぎ、理想的に育ってほしいという思いから付けるのです。名前ほど親の期待を反映しているものはない、と言うことができます。

　その教育目標に男女差別があるのです。その目標に向かって、教育するのですから、女性の才能、実力が押さえられるのは当

然です。「桃の節句」と「端午の節句」の悪しき文化が影響しているのです。個人的には、女の子の「かわいらしい」「愛らしい」「美しい」名前は大反対ですが、変える方がよいのか、またどう変えてよいのか、ボクにはわかりません。男女同じような名前にすることも、色々弊害がありそうです。従って、名前に関しては、改革案がありません。批判しかできません。

44. 女偏（旁）の付く漢字

次の漢字をご覧下さい
「姦」「妄」「妥」「委」「妾」「姜」「娑」「娶」「婆」「婪」「妻」「奴」「奸」「妁」「妨」「妖」「姪」「娼」「媒」「媚」「嫉」「姿」「好」「嫌」

すべてが女偏（旁）の付く漢字です。（他にもまだありますが、主な文字だけあげてあります。）しかも「いやな、悪い」意味合いを含んでいる文字が多いですよね。女性がいかに嫌なものと感じられているか、あるいはいかに軽蔑されているかが、想像できます。女性は「妖しい、男をだます、男の邪魔をする、豹変する、媚を売る、嫉妬深い」だから、「女には気をつけろ」という意味が含まれています。

これはもう誰が見ても立派な（？）差別用語（差別文字）です。最後の、「姿」「好」「嫌」は一見そんなに悪くありませんが、女性に対する男性から見た（男性中心の）感情、感想を表しています。また「怪しい」は「普通でない物事に対して持つ奇異な感覚」ですが、「妖しい」は「同じような奇異な感覚に魅力」を加えます。

45. 男偏（旁）の付く漢字

ちなみに男偏（旁）の付く漢字は、少なくて、「勇」「虜」「甥（おい）」舅（しゅうと）のような文字が思い出されます。「勇」に関して、理由はすぐわかりますが、「虜」は「女にだまされ、その虜になったバカな男」の意味です。いかに男性が女性に気を付けているかを表しています。比較のために一部を出しただけですが、ひどいですね。これが、長い男性社会の歴史を経て作られてきた語（文字）や文化伝統なのです。

悪い意味合いの漢字を捨てることもできないし、改革案はありません。できることは、このような女性差別の存在を後世に知らせることか、「妖しい」は使わず、「怪しい」のように、別語の漢字を使うことです。

また、「あやしい」のようにひらがなにすることも有効かもしれません。「姦しい」を「かしましい」、「妨げる」を「さまたげる」にして、なるべく差別漢字を使わないようにします。

46. 欠損表現

1.「女子会」、2.「女医」、3.「女王」、4.「女囚」にはそれらの男性対照語「男子会」「男医」「男王」「男囚」がありません。ボクはそれらの表現を、「欠損表現（語）」と名付けています。

この用語は元々、英語学の欠損動詞（defective verb）から名付けた語です。欠損動詞は「must、should（べき）、ought」のような助動詞のことで、元来の過去形から来た語で、現在の意味です。ということは過去形かありません。過去を表すときには、特別な表現を使います。さらに、時制の一致も不可能で

す。

47. 欠損表現を観察すれば

　日本語の欠損表現を観察すれば、興味深いことがわかります。1 について、男性だけで飲み会することはまったく普通です。女性だけの場合は飲み会もありますが、食事だけのこともあります。男性を除外するということは特別なことです。男性の目を意識しないということから、女性と言わずに、わざわざ「女子」と言う語を使います。

　2 ついては、「医者」と言えば、男性を思い浮かべます。3、4 も同様です。その他、「女神」「女史」「女教師」「女社長」「女検事」「女弁護士」「女帝」「女流(画家、作家、棋士)」「女傑」「女相撲」「女侍」「女剣劇」「女歌舞伎」「女芸人」「女検事」「女講談師」などがあります。「婦人」が付く語もあります。(「婦警」「婦人代議士」)

48.「院長夫人」の対照語

　これらのコトバの存在は、女性の社会進出の遅れを意味します。このように解釈すれば、間接的な女性差別ということができます。女性が進出しても、コトバを変えないで、前に「女性」「女」を付けるのが普通です。

　「(院長、弁護士、教授、市長)夫人」の男性対照表現について、実体は少ないですが皆無ではありません。その表現は「(院長、弁護士、教授、市長)の旦那さん」くらいしかないですね。

49. 女性専用語

　その反対に本来、女性の仕事、分野であったので、男性対照語がなかったコトバもあります。「看護婦」「助産婦」「家政婦」「保母」「主婦」などです。男性が進出すれば、「女教師」「女社長」「女検事」「女弁護士」のように、前に「男」とか「男性」とか付けるのが普通です。ところが、「男(性)看護婦」「男(性)助産婦」「男(性)家政婦」「男(性)保母」「男(性)主婦」にすると、おかしいですよね。これらは「婦」「母」「婦」などが付いているので、「男(性)」を付けることはできません。「医者」は本来男女を含めたコトバですが、女性を除外することが多いので、女性の場合、わざわざ、「女性」「女」をつけて「女医者」「女医」という言い方をするのです。

50. コトバを変える

　女性が進出しても、コトバを変えないで、前に「女性」「女」を付けることをお話しましたが、男性が進出すると、コトバを変えなくてはなりません。「家政士」「保育士」「助産師」「看護師」などで、男女を含めた表現です。その過渡期には「看護婦(女性)」「看護師(士)(男性)」、「保育士(男性)」「保母(女性)」、「助産師(士)(男性)」「助産婦(女性)」がありました。

　また、「女性看護士」「女性保育士」「女性助産師」という語はないのに、「男性看護師」「男性保育士」「男性助産師」「男性家政士」はあります。「男性」が付かないと「女性」だと思われるからです。これの関しては「女医」「女性議員」「婦警」と同じです。特に問題は保母、看護婦は男性が進出した結果、保育士、看護師となって、女性以上に活躍しています

　保育園では男性保育士がカリスマ保育士として、園児の母親

の人気、信頼を集めています。男性が女性の職場を荒らしているのです。

51.「家政婦」「家政夫」「家政士」

「家政婦」に対して、「家政夫」という語もありました。「家政士」というコトバが作られ、この語はなくなりつつあります。さらに、男性が「主婦」の仕事、役割をするという状況が出現しました。それで「主婦」に対して「主夫」という語が作られました。

看護婦、助産婦は医師に仕え、保母は教師が教育なのに対して子守り的な職、家政婦、主婦は男性に仕える仕事で、昔の女性専用職は、(職業に貴賎はありませんが、)男性より地位が低い職だと思われていました。その意味では、女性差別の現実を表していたので、差別表現と言うことができます。

52.「リケジョ」「レキジョ」「ドボジョ」

最近のカタカナ語に、「山ガール(登山が好き)」「筋肉ガール(筋肉をつける)」「釣りガール」「リケジョ(理科系が好き)」「レキジョ(歴史が好き)」「ドボジョ(土木)作業が好き」「スー女(相撲ファン)」などがありますが、本来は男性がしたり、興味を持っていた分野を女性が進出し、このようなコトバが出現しました。

ファッショナブルな表現なので、以前は人前で、言えなかったのですが、今では世間に隠さずに堂々と楽しむことができます。これらの女性に対して、男性対照語はありません。これらのコトバは、女性進出が男性より遅れたという歴史を表現しているので、間接的な女性差別表現の一種です。

53.「イクメン」「スイート男子」「エステ男子」

その反対に、本来は女性だった分野に男性が進出したコトバもあります。「イクメン（育児に熱心）」「スイート男子（スイートが好き、酒は弱い）」「エステ男子（肌などの手入れに熱心）」「料理男子（(弁当等も) 自分で作る。デートに持ってくる）」「カジダン（家事が好き、詳しい）」など。これらの語も女性対照語はありません。

このような社会現象は喜ばしいことです。このような男性が増加して、普通になれば、コトバがなくなります。これらの表現の存在は、女性差別の現状を表していると思われます。

これらの男性に対して、以前ほど女性の抵抗は、なくなりましたが、嫌われる場合もあります。

54.「婦人会」「男性会」「婦人会館」「男性会館」

「婦人（病、科、会、学級、会館）」に対する「男性（病、科、会、学級、会館）」は存在しません。男性専用の病気は存在するはずなのですが、「男性病（科）」というコトバはなぜないでしょうね。「男性会」「男性学級」はコトバも実態も存在しません。

「女性」に対する語は「男性」ですが、「婦人」にする語は厳密には「男性」ではなく、「既婚男性」です。「既婚女性」が「既婚男性」の対称語なので、「婦人」に対する男性対称語は存在しません。「貴婦人」に対する語もありません。女性に対して、「婦人」「夫人」があるのに男性にはありません。男性は結婚しても女性ほど環境、周囲の見られ方の変化が激しいので、その表現も変わらないのでしょう。この言語現象は典型的な女性差別表現です。

英語はもっとはっきりしています。未婚の女性は「Miss Green」、結婚すると、「Mrs. Green」になります。差別語の認識が高まり、「Ms.（未婚、既婚を含む）」に変えられました。

55.「女子大生」と「女子学生」

「女将」「女給」「女工」「女中」「メイド」の男性対照語はありません。そのような職業、立場の男性がいないのでしょう。もしいれば、前に「男性（男）女将」のように、「男性」「男」を付けるわけにはいかないので、新しい表現を作らなければなりませんね。「女将」以外は差別を感じます。

「女子大」に対して「男子大」はありません。日本では男子が入れない大学（女子だけの大学）がありますが、女子が入れない大学（男子だけの大学）はありません。「女子大生」は女子大の学生なので、「男子大生」もありません。共学の女子は「女子学生」、男子は「男子学生」です。

「女子大生」と「女子学生」とは意味が違うということがおわかりになったと思いますが、「女子大生表彰（殺害）」というように、本当は「女子学生」なのにわざわざ「女子大生」という表現を使う場合があります。それは週刊誌などで使われ、「女子大生」の方がインパクトが強いからです。「女子大生」という表現の方が美人だと思われるからでしょうかね。

56.「女子高生」

「女子大生」とは異なって、「女子高生」の場合は「女子校の生徒」「共学高校の女子生徒」の両方を含みます。「男子高生」も同じです。しかし、「女子高生」「JK」は「女子高生（JK）ビジネス」などの表現が普及し、マイナスイメージが加わりまし

た。それで、マスコミなどでは、「高校女子生徒」「女子高校生」などと言い換えることが多いです。「男子高生」はこのようなことはありません。

これは、「パンツ（下着）」というコトバが古くさくなって死語になり、「パンティ」に変えられましたが、ブルセラショップなどの出現により、悪いイメージが加わって死語になり「パンツ（下着）」が復活しました。「パンツ（ズボン）」の発音が平板化し、「パンツ（下着）」と区別がつくようになったことも影響しています。最近の若者は「パンツ」を死語にし、「ズボン」と言っています。

57.「女学生」に対して、「男学生」

「女子学生」に対して「男子学生」はありますが、「女学生」に対して、「男学生」はありません。「女学生」は古いコトバで、昔の「学生」で女性は少なく、「学生」と言えば男性を意味したので、わざわざ「女学生」というコトバがあったのです。「医者」と事情は同じです。同じように「女権」に対して「男権」がないのは、男性権利はあまり普通で、興味関心がなく、コトバが不必要なのです。

「女人禁制」に対して「男人禁制」というコトバがないのは男性が禁制の場がないのに、女性が禁制の場が存在しているという実態を反映しているからです。間違いなく女性差別表現の仲間です。

58. 差別語の親分「未亡人」

「未亡人」の意味は文字通りに解釈すれば「まだ亡くなっていない（まだ生きている）人」です。しかも「再婚していない

人」です。「早く死ぬべき人」という意味になります。ひどいですね。昔の中国では夫が亡くなれば、妻も死ななければなりませんでした。(ひどい時代でした。) 妻の主な仕事は夫に仕えることでした。夫が亡くなれば、もう不要です。

　それで、夫が亡くなったので、妻は死ななければならないが、亡くなっていない。」という意味から、「まだ亡くなっていない人」という意味になりました。この語は男性を含むことはありません。「妻が亡くなったので、夫は死ななければならないが、まだ死んでいない。」ということは決してありませんでした。典型的な差別用語です。

　「未」の意味を知るためには、「未婚（結婚したいのに、まだ結婚していない人）」と「非婚（結婚しない人）」を比較すれば、わかります。その他、「未完」「未開」「未遂」「未済」「未納」「未熟」「未読」「未習」「未踏」のような語があります。

59.「未亡人」と「やもめ」

　「未亡人」にあたる他の語は、「やもめ」です。男女を含めます。男性は「男やもめ（寡男）」、女性は「女やもめ（寡婦）」です。「男やもめ」の方がよく耳にしますね。「妻がいなくて再婚していない男性」のことで、夫に仕えていた妻が亡くなってしまって、困っている男性です。同情、哀愁感が漂います。

　家事を全部まかせていた妻が亡くなったので、日常生活困っている男性のことです。「食事は当然できない」「下着はどこにあるか分からない」「掃除洗濯はできない」、昔はこのような男性が多かったですね。女性が残った場合は、食事を含めた家事が得意な人が多いので、夫が亡くなってもあまり困りません。ということは「男やもめ」のような悲惨なことはないのです。

経済的なことは困ることがあるかもしれませんが。

60.「やもめ」事情

「やもめ」の語源は諸説ありますが、もっとも納得できる語源を紹介します。

夫婦のうちどちらかが残った人が、一人で家を守らなくてはなりません。それで「家を守る人」という意味で「屋守（やもり）」と言いました。男性は「屋守男、寡男（やもお）」、女性が「屋守女、寡婦（やもめ）」でした。男性の方が危険場所に行くことが多かったので、平均寿命は短いし、女性の方が若く結婚するので、男性が早く亡くなることが多かったのは当然です。

ということは残されるのは断然女性の方が多かったのです。さらに当時の社会は女性の再婚は非常に少なく、男性は再婚することが普通だったので、「やまお」より「やもめ」の方が圧倒的に多く、「やまお」は話題にされることがめったになく、このコトバはが聞かれなくなり、「やもめ」が残りました。

61.「やもめ」と社会変化

時代が変わって、数少ない「妻に先立たれた男性」のことが、再び話題になりましたが、「やもお」は復活せず、「やもめ」の中に含まれるようになりました。女性より割合が少なかったのですが、昔の社会では、男性が残された場合には、再婚すればよかったのです。

社会が変化し、妻がなくなっても再婚することが困難になり、食事、家事など身の回りのことは、女性より男性の方が完全に不利です。「男やもめにウジが湧く。」という環境で、同情の対

象になり、悲惨感を込めて、「男やもめ」というコトバが生まれました。辞書では「やもめ」は女性を含むと定義されていますが、一般的には男性に対してのみ言われることが多いです。しかも前に強調のため、「男」が付けられます。

62.「やもめ」のまとめ
　少しややこしいので、おさらいします。
1. 夫婦のうちどちらかが亡くなって、再婚しない場合、残った人が男性の場合「屋守男（やもお）」、女性は「やもめ」。
2.「やもお」は「やもめ」に比べて現実的に少なかったし、再婚することが多かったので、使われなくなった。
3. 女性のみを意味した「やもめ」は、再婚が困難だったし、結婚年齢、平均寿命の関係から、よく話題に上がって、そのコトバも残った。
4. 男性が残されることが話題になるようなって、表現が必要になった。「やまお」が復活することなく、女性占用語「やもめ」が男性を含めるようになった。
5. 男性の「やもめ」がその悲壮状況から話題になるようになり、男性専用語になった。
6. さらに強調のため「男やもめ」に。
　この言語変化は社会変化に平行しています。

63.「chairman」から「chairperson」に
　学校などでクラスの議長を選ぶ場合、英語で「chairman」と言えば、「man」が付いているので、被選挙権者は女性を除外し「男性だけ」が暗黙の了解事項になってしまいます。日本語「議長」には男性のみという定義はありません。

しかし、女性でもいいよと、言っても、歴代男性が選ばれて来たので、よっぽどのことがない限り、男性になってしまいます。ほとんどが男性なので、「女性議長」という表現があります。それが差別なのです。だから英語では長年使用して来たコトバを「chairperson」に変えたのです。「女性議長」という表現があります。「男性議長」という対照語はないので、欠損表現です。

これは、男性を意味する英語の「man」が人間全体を（女性を除外して）意味するにも使われるのと同じ状況です。人間の代表が男性ということが、女性差別なのです。「man」を男性専用語にするため、人間を表す場合「man」を使わずに「human being」にします。「woman」には「man」が付いていますが、変えようがありません。さらに「chairman」「policeman」「mailman」の「man」を「person」「officer」に変えています。

そういえば、学校のPTAの会長はほとんどが男性ですよね。役員は女性ばかりです。男性が役員になると、会長になります。皆さんの地域はどうでしょうか。

64. 2種の「少年」

「少年」は、1.女性を含む意味（「少年の部　男子、女子」）、と2.男性のみの意味（「少年野球」）の2種の意味を持っています。2の意味の「少年」には、「少女」という対照語があります。「少年」「少女」はその意味範囲が、法律用語、新聞用語と一般用語で異なります。

「2人組少女が銀行強盗」という見出しを見て、驚いた経験があります。少女と言えば、小学校くらいの子をイメージしますね。この2人組はなんと19歳でした。19歳って、「少女」

じゃないですよね。新聞などでは、20歳未満は未成年で「少年少女」なのです。皆さんイメージして下さい。中学生は「少女」ですか。高校生は「少女」ですか。ボクの個人的な感覚では、「少女」は小学生くらいまでです。少年は中学生まで使えそうです。「少年」と「少女」は、微妙に意味範囲が異なることは不思議です。

65. 2種の「青年」

さらに、「青年」は、1.女性を含む意味（スポーツなどの「青年の部　男子、女子」）、と2.男性のみの意味（「好青年」）の2種の意味を持っています。しかしこの「好青年」の女性対照語がありません。「良い娘さん」と言わなければなりません。女性を除外している意味の「青年」が男女含める意味になるということは、「『青年』の代表は女性でなく男性である」という意味で、差別なのです。

66.「青少年」

「青年」も「少年」も1の意味で使われることは少ないですが、スポーツ関係や「青少年センター」「青少年育成課」など「青少年」という組み合わせに限るようです。1の女性を含む語がそのまま男性のみの意味を持つ語になるということが、差別思想を反映しています。女性を含む「青年」「少年」の代表が男性ということが女性差別なのです。

「少年」「青年」「成年」「中年」「老年」／「＊少人」「＊青人」「成人」「＊中人」「老人」この中で、＊の付いた語は存在しません。それぞれ欠損表現です。

67.「少女」と[girl]

「Tom, who is 30 years, was married with a pretty girl.」を「30歳のトムは可愛い少女と結婚した。」と和訳すると、たいていが誤訳になります。「girl」は日本語よりもっと年齢があります。30歳くらいまで「girl」です。

日本語「少女」の2種の意味（マスコミ、法律用語と一般的意味）、英語「girl」との差、気をつけてください。

そう言えば、最近女子の意味範囲が広くなりました。女子は高校生までで、大学生には使いませんでした。しかし「女子会」というコトバの普及により、大学生でも女子というようになりました。30歳くらいでも違和感なしに「女子会」と言います。さらに、50歳台の女性ばかりの会を少し違和感を持って、「女子会」と言っていました。

68.「俳優」「男優」「女優」

「俳優」は、1.（昔の意味）女性を含む意味（「男優」「女優」存在する）、と2.男性のみの意味（「職業は俳優です。（男性の場合）」「職業は女優です。（女性の場合）」の2種の意味を持っています。男性俳優を表す「男優」というコトバもあります。しかしこの「男優」は「アカデミー賞主演男優賞」）「AV男優」以外の状況ではあまり使われません。つまり、「将来俳優になりたい。」とは言うけれど、「男優」とは言いません。

女性の俳優（男女含み意味の）は昔は少なかったので、「俳優」と言えば、男性でした。それで、女性の俳優つまり、「女優」というコトバが出てきました。

69.「オネエ」「オニイ」

「女子供」という表現、「女や子どもにはわからないだろ。」という文脈で使われます。女性をけなしています。「女性なのに仕事が良くできる」「女にしては賢い」「女だてらに」などの表現を、「男性」「男」に変えると、不自然な文になります。典型的な女性差別表現ですよね。

テレビなどで、「オネエ」というキャラはあるのに、「オニイ」はありませんね。それは、男性は女性より優位にあるということが、前提になっています。優位な立場の男性が優位でない女性を指向するから、世間に受けるのです。優位でない女性が、優位な男性を指向する「オニイ」にはユーモアが感じられないのです。コトバが女性差別の現状を示している分かり易い証拠です。

70.「鬼嫁」「鬼夫」

鬼嫁にいじめられていることをアピールしている、男性タレントはテレビでよく取り上げられますが、優位な男性が、女性にいじめられることは、社会では珍しいことで、視聴者は楽しんで見ていますが、その反対は事件になるような深刻な状況（DV など）なので、とても喜劇にはなりません。対照語「鬼夫」がない理由です。笑い話でも、夫が悪妻に苛められるなどの話がよく出てきます。その反対は笑い話にはありません。この事実もコトバが女性差別の現状を示している分かり易い証拠です。

71.「無数」と「有数」

その他欠損表現に関して、理論的にはあるはずですが、反対

語、対照語がない表現があります。「無」の付くコトバは「無理、有利」「無休、有休」「無機、有機」「無名、有名」「無線、有線」のように「有」の付いた反対語があります。

しかし「無難、無視、無題、無根、無味、無体、無病、無冠、無水、無垢、無才、無口、無菌、無力、無論」に対して、「有」の付いた反対語はありません。
「無理、無知、無心」に対する「有理、有知、有心」はあまり使われませんが辞書にはあります。「無数」は「数えられないくらい多数」で、「有数」は「少数ですぐれていること」のように反対語でなない珍しい表現です。

この反対の例として「とんでもないことになった。」「とんだことになった。」のように肯定、否定が同じ意味になる表現もあります。

さらに、例は少ないですが、「有閑」に対して「無閑」はありません。

72.「『お』付きコトバ」

「野菜（やさい）」に対して、丁寧語の「お野菜」はありますが、「果物（くだもの）」に対して「お果物」はありませんね。これも欠損表現です。丁寧語頭辞「お」は、後ほど詳しくお話しますが、カタカナ語、漢語（音読み）に付きにくく、和語（訓読み）に付く場合が多いのです。漢語の「野菜（音読み）」には「お」が付き、和語の「果物（訓読み）」には付かないのは、原則違反です。「野菜」の子分には、「お」が付く「おねぎ、お芋、おなす、お大根、お株、お豆」があります。「キャベツ、ピーマン」などカタカナ語や、「長芋、玉ねぎ、枝豆」など複合語には付きません。

「ニンジン、にんじん、人参」「キュウリ、きゅうり、胡瓜」「ゴボウ、ごぼう、牛蒡」のように3種の表記がありますが、最初のカタカナ表記がもっとも多く使われます。そのことが「お」が付かない理由かもしれません。

また、「果物」の子分は「桃、柿、梨、ざくろ、いちご、すいか、さくらんぼ」など、「お」が付く語はほとんどありません。親分（果物）の影響でしょう。「おミカン」は聞いたことあります。でもカタカナで書くことがもっとも多い語です。不思議ですね。

73. 10種類の「お」付きコトバ

「お」が付くコトバと付かないコトバ、さらに、その付き方によって、次のように10種に分類できます。このことも欠損表現の観察分析から判明しました。

1. 「お」が付かないコトバ

「おたまねぎ、おまぐろ、お大学、お電車、お講義」など多数あります。だいたいの原則がありますが、例外が多いです。1.「アンテナ、飴、エンジン、ロケット」などの外来語（カタカナ語）、2.「鉛筆、図書、映画、学校」などの漢語（音読み）、3.「白ネギ、牛肉、甘酒、餅米、てんぷらそば」などの複合語。

2. 「お」付きが不自然

「おピアノ、お受験、お教室、おビール、お葬式、お車、おスイカ、おミカン、おたばこ、おトイレ」などで、「お」を付けると、不自然ですが、主に女性が丁寧に言うコトバです。過剰丁寧表現です。正式な文では使えないでしょう。

3. 「お」無しが普通

丁寧に言えば「お」を付けますが、普通の会話では、付かな

い方が多いコトバです。「おうどん、おそば、おすし、おやかん、お水、お隣、お掃除」などたいへん多くあります。

4. 両方普通

「おかし、おさら、おはし、おちゃわん、おにく、おなべ、おみやげ」など、さほど丁寧でなくとも自然に使ってしまうコトバです。ただし、3との区別が微妙です。人によって差があります。

5. 「お」付きの方が普通

「お」が付く方が普通で、「わん、ぼん、つゆ、さつ、つり」など短いコトバに「お」が付くと安定するからでしょう。「おわん、おぼん、おひつ、おぜん、おひな、おさつ、おつり、おかま、おしる、おつゆ、おゆ、おかゆ、おかね、おこげ、おたま」などがあります。

6.「お」付き意味変化

「あし（足）」に「お」が付くとお金の意味になります。意味変化するコトバたちです。「にぎり」は「寿司」の意味と「握ること」の意味を持っています。「おにぎり」とは意味が異なります。「まえ、おまえ」「ふくろ、おふくろ」は、まったく違いますね。語源は同じです。「おまえ」は「お前様（前にいる人）」という丁寧語だったのですが、意味変化して乱暴語になりました。「貴様（貴い方）」と同じです。この分類に入るコトバはその他次のようなコトバです。

「おて、おむすび、おしぼり、おかみ、おかげ、おかって、おかっぱ、おさがり、おさげ、おさらい、おすそわけ、おせっかい、おはこ、おはやし、おはらい、おひねり、おひろめ、おまけ、おめだま、おはじき、おかげ、おひる、おめでた、おめでたい、おふだ」

7.「お」付きのみ

　もともとは丁寧語だったのですが、「お」が付かない語がなくなってしまって、「お」付きだけが残ったコバです。
「おかず、おかき、おひたし、おすまし、おひや、おはぎ、おせち、おから、おまわり、おなか、おすそわけ、おむつ、おめでとう、おはよう、おいで、おかえり、おやすみ、おあずけ、おすわり、おまち、おつかれ」

　この中で、「おめでとう、おはよう、おいで、おかえり、おやすみ、おすわり、おまち、おつかれ」は語でなく会話文です。「めでとう、はよう、いで」とは言えないですよね。

8.対照語、仲間語で「お」付きと差

　同じような仲間のコトバで「お」に関しては差があります。（＊の付いた語は不自然です。）

　おやさい、おかし、＊おくだもの　／　おわん、おちゃわん、＊おどんぶり（どんぶりだけがなぜ「お」が付かない）　／　おこめ、＊おむぎ、＊おひえ、＊おあわ（穀物）　／　おひる、＊おあさ、＊よる（昼だけなぜ）　／　おみず、おゆ、＊おこおり（水の種類）　／　おがわ、＊おやま　／　おさる、おうま、＊おうし、＊おやぎ、＊おいぬ、＊おねこ　／　おちゃ、おたばこ、＊おコーヒー　／　おそと、＊おなか　／　おしっこ、＊おうんこ（ち）　／　おミカン、おりんご、＊おくだもの　／　おしお、おさとう、おしょうゆ、おす（「おす」だけは「5.「お」付きの方が普通」）に入る。）

　「体コトバ」を見ましょう。体の部位を表すコトバによって差があります。理由は不明です。皆さん考えて下さい。
「お口、お足、お肩、お手て、お目め、お鼻、お耳、お尻、お臍、お膝、お腹、お背中、　＊お頭、＊お額、＊お眉毛、＊

お毛、＊おまつ毛、＊お頬、＊お顎、＊お歯、＊お舌、＊お顎、＊お首、＊お指、＊お爪、＊お肘、＊お腿」

9.「お」付き漢語

　漢語（音読み）には「お」が付かないのが普通ですが、付くコトバもあります。

「お作法、お料理、お受験、お勉強、お勝手、お便所、お掃除、お野菜、お電話、お写真、お鞄、お（ご）近所、お化粧」などです。

10.「お」付き外来語

　外来語（カタカナ語）は「お」がつきません。すべてが「2.『お』付きが不自然」の中にも入るコトバです。同様に女性が使う過剰丁寧表現です。

　「おピアノ、おビール、おスイカ、おケーキ、おメロン、おトイレ」などです。まだあるかもしれません。

74. 女性差別の証拠を明確にするには

　女性差別を研究する場合、男女別給料差、から差別があるかを調査することができますが、年齢、学歴、資格、熟練、仕事内容、労働時間、育児、出産などの要素も複雑に関係するので、明確に結論を出すことができません。さらに、女性閣僚、女性議員、女性社長の数も男性とは差がありますが、このことも、種々の要素を考慮しなければなりません。

　しかし、コトバから見れば、いっそう明確な証拠を出すことができます。コトバ生態学の存在価値がここにあります。

75. 資格、学歴の男女差

　資格に関しては、少し古いですが、次の結果をご覧下さい。

1. 司法試験男女別合格者数
2006〜2010年　平均受験者25000名　合格者（190）合格率（0.76%）女性率（19%）
男性割合：72.6%　　女性割合：27.4%
2. 平成23年公認会計士試験最終結果
合格者数　1511名　合格率6.5%　男：80%　女：20%
男性割合：74.7%　　女性割合：25.3%

　学歴に関しては次のデータをご覧下さい。
女子学生在学率（2011年）
1. 東京大学　16%
2. 京都大学　22%
3. 大阪大学　35%
4. 名古屋大学　30%
5. 一橋大学　25%
6. 東京工業大学　11%
7. 早稲田大学　35%
8. 慶応大学　32%

　女性が男性より劣っているということを、言いたいわけではありません。教育環境が男性に有利に働いているのです。女性差別の解消には、教育がもっとも重要です。平等な教育環境と言っても、そう簡単ではありません。伝統、作法、習慣、衣類なども含まれます。
　このことを無視して、大企業の社長、各種議員、閣僚、大学教授を男女同数にするという方向に進むことは危険です。まず男性と同様な実力を、女性が持つようになるべきです。女性を

取り巻く教育環境の改善が重要です。

76. 差別解消に対する両面作戦
　女性差別をなくすには、このように差別社会の改善が必要ですが、もうひとつの方法があります。コトバ社会の差別の改善です。コトバを変えないと、意識的にも、無意識的にも、女性差別の現状が残ってしまいます。さらに、コトバを変える努力が女性差別の解消運動を強化させます。ことばを使うたびに、その努力の意識化に役に立ちます。

　現実世界はそのままコトバ世界に影響し、コトバ世界は現実世界に影響します。女性差別の解消にはこの両面作戦がもっとも効果があります。現実社会の改善だけでも、コトバ社会の改善だけだと、たいへん困難なことですが、両面から責めれば、相当な効果が期待できます。

77. 並列表現の順を変える
　コトバを変えることは困難を極めます。欠損表現の場合は、差別存在の証拠になるだけで、差別解消はできません。並立表現はその可能性があります。

　「男女」「父母」「夫婦」「紳士淑女」「夫婦」「新郎新婦」「男子女子」「男性女性」「兄弟姉妹」「紳士淑女」「善男善女」「祖父母」「伯父伯母」などの並立表現はすでにお話したように、男性が前に来ます。前に来る語が優位なので、差別です。いかにも男性が上位だと言っているようです。「女男」「母父」「婦夫」「新婦新郎」「女子男子」のようにすればいいですよね。しかし、こうすると、「言いづらい」という意見が出るでしょうね。でもすぐ慣れます。問題は男性差別が生ずることです。

78. 差別表現を変えること

　既成の表現は変えない方が抵抗は少ないでしょう。ということは比較的新しい表現で、しかも、女性差別解消に取り組むような表現を変えるのです。つまり、「男女同権」「男女共同参画」「男女平等」「男女差別」のような表現です。

　「女男同権」「女男共同参画」「女男平等」「女男差別解消」にするのです。すでに触れたように「日米」は日本からの表現で、「米日」はその反対ですので、その意味合いを含めます。女性側からの観点を含ませることができ、「女性差別改善解消」に向けての強い意識の表現になります。

79. 「ワン男くん、ツー子ちゃん」

　話が長くなりましたが、本章のタイトル、「なぜ『ワン男くん、ツー子ちゃん』でなく『ワン子 (one) ちゃんとツー男 (two) くん』なのか」の理由です。「新しい表現なので、あえて、女性を前にした。」のです。ボクの意図が納得できましたでしょうか。さらにできることは、すでに述べたように、女性差別用語をなるべく使わないことです。

　特に強調したいことを再度、箇条書きにします。これは他の差別用語禁止、代替表現使用と同じ考えです。

1. 「こどもの日」は必ず女の子を含める。男の子だけの用法は禁止する。
2. 「帰国子女」は「帰国生」に変える。
3. 「少年」「青年」は男子のみにする。従って、「少年（青年）の部男子女子」「青少年公園」などのような、女子を含む表現は禁止にする。
4. 「未亡人」は使わない。代替表現はないけれど、言う必要はない。

5.「妖しい」などの漢字はなるべく使わない。ひらがな表記か、別表記「怪しい」などを使う。

6.「男女共同参画課」とか「男女平等名簿」とか特に「男女平等」を意識する表現は「女男共同参画課」「女男平等名簿」に変える。

加藤 主税（カトウ チカラ）

略歴 昭和22（1947）年、愛知県瀬戸市生れ（深川小、本山中、瀬戸高）出身の「せとっこ」、瀬戸市新郷町在住。阪大院修士課程、博士課程（英語学講座）満期退学後、愛工大講師、助教授。昭和62（1987）年、椙山女学園大学教授。愛知県立瀬戸高等学校同窓会（松翠会）会長。中日文化センター占い講師。マジック講師。また占い評論家、コトバ評論家、若者生態評論家として、「ホンマでっか」（フジテレビ）などテレビ、ラジオ300回以上出演、講演200回以上。また平成10（1998）年、日本初、大学の正式課目として運命学を開講。加藤式実践占術学会会長。死語の概念を確立。「コトバ生態学」を構築。造語「ケーチュー（携帯電話依存症、携帯電話中毒、Keichu）」が新語として定着。「スマチュー（スマートフォン中毒）」を提案。

著書 『英語と日本語と英語教育と』『大学教養英文法』『大学英作文のエッセンス』『新英語学辞典』『女子大生の内緒話』『世紀末死語事典』『日本語七変化』『運命学』『フシギことば学』『日本語発掘―和語の世界』『ちから教授のコトバ学』『最新若者言葉事典』『天地がひっくり返るおはなし』『女子大生の不平不満話』『女子大占い軍団とちから教授による 楽しい手相』など66冊。

連載 「ちから教授の加藤式実践占術」（ネット中日新聞プラス、達人に訊け、週1）連載中。平成24（2012）年5月より連載開始、平成24（2012）年12月よりアクセスランキングベスト5位をキープ）、「ちから教授のコトバ生態学」（ネット中日新聞プラス、達人に訊け、週1）連載中。平成26（2014）年11月より連載開始）、はたやま便り「今月の死語」（中日新聞折込みFP、月刊）平成19（2007）年4月より連載中。

『ちから教授のコトバ生態学』

平成28（2016）年10月6日発行
著者　加藤　主税
発行所　中部日本教育文化会
☎465-0088　名古屋市名東区名東本町177
TEL　052-782-2323（代表）